Catherine de Lasa

Sissi

Journal d'Élisabeth,
future impératrice d'Autriche,
1853-1855

GALLIMARD JEUNESSE

Les vers figurant p. 66-67 sont extraits du poème « Liberté », paru dans
Le Journal poétique de Sissi © Éditions du Félin, Paris, 1998.

Les vers figurant p. 109-109 et 120 sont extraits des poèmes
« Adieu vieux château, pièces silencieuses » et « Le jeune printemps »,
parus dans l'ouvrage de Egon Corti, *Elisabeth d'Autriche*
© 1936, Éditions Payot, © 1992, Éditions Payot & Rivages,
traduction de Marguerite Diehl.

Munich
2 mars 1853

Aujourd'hui, j'ai décidé de commencer un journal. Cette idée me vient de Néné, ma grande sœur. Elle trouve que je suis trop impétueuse. « Tu ressembles à un petit volcan », me dit-elle souvent. Je dois bien le reconnaître : quand je suis triste, je pleure comme une Madeleine, quand je suis gaie, je ris à gorge déployée, quand je ne suis pas d'accord avec quelqu'un, je le traite de tous les noms d'oiseaux que je connais (et j'en connais beaucoup). Cela ne se fait pas, me dit Néné, une jeune fille bien élevée ne doit pas élever la voix, elle doit être un peu au courant de la politique mais ne pas exprimer d'opinion tranchée. Quand quelqu'un lui adresse la parole, elle doit répondre des banalités en baissant les yeux d'un air modeste. Néné m'a suggéré d'écrire mes sentiments, mes idées sur un cahier, au lieu de les hurler à la tête des gens. Néné a raison. J'ai de la chance d'avoir une sœur parfaite qui me donne d'aussi bons conseils. En plus, elle brode comme une fée, elle danse, elle joue du piano comme un ange, et elle parle couramment le français, qui est une langue impossible à apprendre, pleine de verbes irréguliers, j'en ai la migraine rien que d'y penser.

Comme il faut bien que Néné ait quelque faiblesse, elle n'a aucun don pour l'équitation. Or l'équitation est précisément ma spécialité. J'ai hâte qu'il fasse beau pour me lancer dans la forêt au grand galop avec mon petit frère, Poussin. Quand nous sommes grisés par la vitesse, nous crions « Hourra ! » ou bien nous chantons à tue-tête des chansons tyroliennes. Au retour, nous sommes tellement couverts de boue que nous préférons discrètement rentrer par l'escalier de service.

Poussin, c'est un surnom pour Charles-Théodore, et Néné s'appelle en réalité Hélène. Moi, Élisabeth, on me nomme Sissi, pour Mathilde, nous disons Moineau, et pour le petit Max-Emmanuel, Mapperl. J'ai encore un grand frère, Louis, et deux petites sœurs, Marie et Sophie. Et maman, nous l'appelons toujours Mimi. Il me reste à parler de notre servante, Nannerl, qui occupe une grande place dans mon cœur… et une toute petite chambre au dernier étage de notre palais de Munich, entre celle de Néné et la mienne. Elle a élevé tous les enfants de notre famille, et elle restera toute sa vie avec nous, elle nous l'a promis, et nous nous occuperons d'elle quand elle sera vieille. Je l'adore, même si elle m'agace un peu quelquefois. Ah oui ! Je ne veux pas oublier ma préceptrice, la baronne Wulffen. Elle a ses appartements avec nous, tout en haut, de la même façon que le précepteur de mes frères habite à côté d'eux, dans l'autre aile. Donc, elle est très gentille et elle se donne beaucoup de mal pour m'instruire, sans beaucoup de succès, je dois dire. Ma meilleure amie s'appelle Irène Paumgarten, je la verrai seulement cet été à la campagne, dans notre château de Possenhofen, en Bavière. Notre château de Possenhofen, aussi, a un surnom : Possi.

12 mars 1853

Je suis d'une humeur exécrable. Vraiment, on le serait à moins, avec ce qui se passe ici : papa n'a pas quitté ses salons de toute la journée, il a reçu tranquillement ses amis, on les entendait rire et jouer de la musique. Et pendant ce temps, la pauvre Mimi, dans ses appartements juste au-dessus, ne savait que faire pour soigner Mapperl, souffrant d'une bronchite. Elle est restée à son chevet, depuis hier soir, le frictionnant avec des pommades au camphre, lui préparant des cataplasmes. Ce soir, elle nous annonce, bien soulagée, que la fièvre est tombée, qu'il a pu prendre un peu de bouillon. Et voilà papa qui apparaît : il ne remarque pas ses traits tirés, sa mine défaite, il lui annonce qu'il a prévu une réception grandiose pour la semaine suivante. Il faut que nos six salles de bal étincellent de bougies, il veut partout des cascades de feuillage, des musiciens, un buffet étourdissant. Maman devra arborer ses plus beaux bijoux, éblouir tout Munich de sa magnificence. Puis, sur ces paroles, il part essayer le nouveau cheval qu'il vient d'acheter. Poussin étouffait d'indignation. Moi aussi, j'étais révulsée : comment peut-on être égoïste à ce point ? Je suis montée dans ma chambre, au dernier étage, j'ai ouvert la fenêtre si fort qu'elle a claqué contre le mur, et j'ai jeté dans le jardin ma parure de perles, le symbole de toutes ces vanités. Jamais je ne participerai à ce genre de mascarade. Néné a dû entendre le bruit, car elle est entrée tout doucement, elle m'a écoutée, puis elle m'a caressé les cheveux.

— Les hommes sont comme ça, il ne faut pas leur en vouloir. Nous, les femmes, nous sommes bien obligées de nous résigner.

Non, je ne me résignerai jamais.

24 mars 1853

Papa et maman reçoivent ce soir. Mapperl est complètement remis maintenant. Avec Mathilde, Moineau et Sophie, il se cache derrière les tentures pour guetter les invités qui montent notre escalier monumental. Ensuite, ils partiront tous les trois dans l'antichambre pour essayer les chapeaux des dames, ou bien ils descendront au sous-sol pour chaparder des gâteaux à la cuisine.

Moi, je ne participe plus aux espiègleries des petits, et je n'ai pas encore l'âge de sortir dans le monde comme ma grande sœur Néné, qui va resplendir au centre de la fête.

De toute façon, je n'aurais pas le cœur à m'amuser. En ce moment, j'ai un énorme chagrin : j'avais un amoureux, Richard. Il est comte et il servait dans les armées de mon père. Je le voyais tous les jours, quand il rentrait de manœuvre. Une fois, en passant sous le porche, il s'est penché de son cheval et il m'a glissé quelque chose dans la main : son portrait et une lettre d'amour... Nous nous sommes écrit plusieurs semaines, écrit et presque jamais parlé. Un jour, je le guette comme d'habitude... et je vois un autre homme à la tête des troupes. J'étais folle de chagrin : où était Richard ? J'en ai parlé à Louis lors d'une promenade à cheval au bord de l'Isar. Il a froncé les sourcils.

– Ce jeune freluquet ? Un petit comte sorti de nulle part ! Il ne croyait tout de même pas qu'il avait droit à la fille d'un duc ! Maman a donné des ordres et on l'a envoyé en mission en Pologne, pour abaisser ses prétentions... Il paraît qu'il a même osé t'offrir son portrait !

J'adore Louis, mais ce jour-là, j'ai eu envie de le gifler : comment pouvait-il avoir l'esprit aussi étroit ? Brusquement, j'ai tourné bride, et je suis repartie vers la maison, au grand galop, je ne pouvais plus le supporter, je ne pouvais plus supporter personne. En rentrant, j'ai couru dans ma chambre, je me suis jetée sur mon lit, et j'ai pleuré pendant des heures. Puis j'ai écrit un poème.

15 avril 1853

Je suis désespérée : mon amour est mort. Nannerl a une amie, Gisela, qui est la femme de chambre de la mère de Richard, et elle lui a annoncé ce matin cette affreuse nouvelle, en battant le linge à côté d'elle au lavoir. Il paraît qu'il avait contracté une maladie très grave, là-bas en Pologne, qui l'a emporté en huit jours.

Je me suis jetée dans les bras de Nannerl, et nous avons pleuré ensemble.

– Séchez vos larmes ! Votre Richard, il est dans le ciel, avec le Bon Dieu. Tenez, je vais vous coiffer comme il aimait, avec votre couronne de tresses et les rubans bleus.

– Nannerl, comment savais-tu que Richard aimait mes rubans bleus ?

– Gisela me l'avait dit au lavoir… et elle m'avait demandé des nœuds de votre coiffure pour qu'il les emporte à la guerre. Il est mort en les serrant contre son cœur.

Dans ma douleur, j'étais un peu consolée, comme si notre amour était toujours vivant, par-delà la séparation. Je suis descendue à la chapelle, pour assister à la messe avec la famille, puis l'horloge a sonné huit heures et nous avons pris notre petit déjeuner tous ensemble. D'habitude, je raffole de nos bonnes saucisses grillées qu'on mange avec du pain noir et de la bière. Mais ce jour-là, je n'avais aucun appétit. Poussin a essayé de me changer les idées :

– Je suis sorti ce matin, l'Isar est presque dégelé,

le printemps arrive, nous allons bientôt partir pour Possenhofen.

Poussin connaît ma corde sensible. Il suffit qu'on me parle de Possenhofen pour que j'aille mieux. Je lui ai souri. Encouragé, il a enchaîné :

– Cette année, vas-tu encore me battre à la course dans le lac de Starnberg ?

J'ai répondu :

– Bien sûr que oui !

Mais le chagrin continuait de peser, bien lourd, dans mon cœur.

Puis chacun est parti prendre sa leçon avec son précepteur ou sa gouvernante. Je ne sais vraiment pas ce que la pauvre baronne Wulffen me racontait, mais je n'avais vraiment pas le cœur à l'étude. Ensuite, il a fallu que j'endure aussi un cours de piano. Enfin, à deux heures, l'étude a fini. Nous avons tous déjeuné avec Mimi, et depuis, je suis libre, libre mais tellement triste !

17 avril 1853

Je pense toujours à Richard. Pourquoi ne suis-je pas partie avec lui ? Nous serions morts ensemble à la guerre. Seul me reste le petit carnet relié, sur lequel je lui ai écrit des poèmes d'amour, tout l'hiver.

20 avril 1853

Je me suis réveillée au milieu de la nuit : on aurait dit que notre château était en train de fondre, partout des petits bruits d'eau, des chuchotements mouillés, des ruissellements qui couraient sur le toit, le long des gouttières. Je me suis levée d'un bond, j'ai couru à la fenêtre… et à la lueur de la lune, j'ai vu un gros bloc de neige passer devant ma vitre et s'écraser lourdement sur le sol ; dans le parc, les arbres commençaient à secouer leur lourde couverture blanche : le dégel ! il était là pour de bon ! Poussin avait raison : l'hiver commençait à s'en aller… J'ai sauté de joie au milieu de ma chambre : le dégel signifie l'arrivée du printemps, l'arrivée du printemps nous annonce… notre départ pour Possi. Adieu Munich ! Adieu la ville ! Bientôt je courrai dans les prés, la montagne, les forêts… quel bonheur ! Je crois que je ne vais pas pouvoir me rendormir cette nuit…

2 mai 1853

Un émerveillement ce matin, avant mon lever : le chant de la grive musicienne, seul, le premier de l'aube avant ceux des autres oiseaux… Puis soudain le concert qui éclate dans le silence… Mille becs chantent et pépient, on ne peut en reconnaître aucun, mais on sait qu'ils sont tous déjà là : le coucou, le merle siffleur, le rouge-gorge, la pie, le loriot… Je les vois, virevoltant dans le parc, j'ai envie de voler moi aussi avec eux vers Possenhofen. Et brusquement, j'ai des remords, je m'en veux d'oublier si vite mon chagrin d'amour.

14 mai 1853

Nous partons à Possi après-demain. Tout notre château est sens dessus dessous. Le majordome donne des ordres aux valets qui montent et descendent les escaliers, chargés de piles de vêtements. On s'affaire dans les écuries pour préparer les chevaux et les cinq grosses berlines qui nous transporteront : deux pour notre nombreuse famille, et trois pour les bagages et les serviteurs. Tous les ans, je regrette que Nannerl ne voyage pas dans notre voiture, elle sait tant de chansons et de contes pour nous amuser ! Mais une femme de chambre n'a évidemment pas sa place dans la voiture des maîtres. Je ne sais pas si papa sera avec nous, ou s'il ira dans l'autre château qu'il s'est acheté pour lui, Garatshausen. J'aimerais bien qu'il soit là. Souvent, il fait irruption au milieu de nos leçons. À la grande fureur de Mimi, il proclame : « Les enfants doivent étudier dans la nature et non dans les livres ! » avant de nous emmener ramper dans les marais pour observer les canards sauvages ou les bauges des sangliers. Il a aussi une passion pour l'astronomie. Quelles nuits extraordinaires nous avons passées à observer les étoiles avec lui ! J'en ris encore ! Une fois, les nuits étaient encore fraîches mais il ne s'était pas préoccupé de nous vêtir chaudement. La pauvre Mimi nous cherchait partout avec des châles, et elle a fini par nous trouver tous, couchés sur le dos dans une clairière, en train de compter les étoiles filantes. Elle s'est précipitée pour nous couvrir en s'exclamant :

– Ah ! Quel homme ! Quel père ! Mon Dieu, qui m'a donné un mari pareil ?

Ah non ! Nous ne nous ennuyons pas à Possi !

16 mai 1853

Enfin, nous voilà à la campagne ! Je suis si fatiguée que j'ai à peine la force de tailler ma plume pour écrire quelques mots. Possi est à sept lieues de Munich et il nous faut une bonne journée pour y parvenir. Il faisait si beau que je n'ai pas résisté, je me suis assise à côté de notre cocher, Hans. Il m'a laissée prendre les rênes et conduire toute seule. Il sait bien que les chevaux connaissent ma voix et m'obéissent autant qu'à lui. Au bout de cinq minutes, j'ai vu sa tête s'appesantir et j'ai entendu son ronflement : il se sentait tellement en confiance avec moi qu'il dormait ! Je me suis rappelé le jour où j'ai réussi à arrêter un attelage qui s'était emballé, justement lors d'un trajet pour Possi. Hans avait été éjecté du siège. Les chevaux n'obéissaient plus, emportant la voiture dans une galopade effrénée. Mes petits frères pleuraient. Mimi poussait des cris. J'ai repris les rênes en main, et peu à peu, en donnant des petites secousses, en parlant doucement, j'ai fini par ralentir l'allure des chevaux qui sont repassés à un trot régulier. Mimi était fière de moi, mais elle ne pouvait s'empêcher de s'affliger en même temps : « Vais-je trouver un mari pour une fille qui ressemble à un palefrenier ? » Je ne lui ai pas dit, mais je n'ai aucune envie qu'elle me trouve un mari.

1er juin 1853

Comme je suis heureuse à Possi ! J'adore le vent, j'adore le lac Starnberg bleu, puis vert, puis vert et bleu en même temps, j'adore les Alpes déchiquetant le ciel. J'adore que chacun retrouve exactement sa place comme s'il ne l'avait jamais quittée : je me précipite aux écuries, les garçons courent à leurs cabanes ou barbotent dans le lac. Nannerl part au lavoir avec son baquet de linge sur la hanche. Nous avons beau avoir l'eau courante depuis l'année dernière, elle tient absolument à faire la lessive dehors, à genoux par terre et les bras dans l'eau glacée de la rivière. Elle dit que c'est meilleur pour les tissus, mais tout le monde a bien compris qu'elle cherche surtout à revoir ses amies pour commenter sans fin les nouvelles du pays.

Mimi, elle, coiffe un chapeau de paille pour ne pas se brunir le teint comme une paysanne. Elle met une jupe à la mode bavaroise pour être plus à l'aise. Et elle part au jardin retrouver ses roses. Mimi a dans la vie deux occupations principales : premièrement, soigner ses roses, deuxièmement, marier ses filles. Les roses requièrent des soins assez simples : sarcler les mauvaises herbes, biner, arroser, couper les fleurs fanées. En revanche, le mariage des filles demande une attention de tous les instants : il faut recenser les jeunes gens à marier dans les cours d'Europe, exercice assez difficile puisqu'ils doivent être d'une noblesse égale à la nôtre, ni au-dessous, ni trop au-dessus, et peu importe qu'ils soient stupides, méchants, chauves, gros ou boutonneux. Ensuite, il faut entretenir des relations avec leurs mères, les inviter à des thés, des bals, recevoir des lettres, en écrire d'autres... Cette activité frénétique n'empêche pas Mimi de se prendre souvent la tête dans les mains en s'exclamant : « Depuis vingt-cinq ans que je suis mariée, ce que j'ai pu souffrir avec votre père ! Non ! Personne ne le saura jamais. » On pourrait reprocher à cette attitude de manquer de logique, mais faut-il chercher de la logique chez Mimi ?

En attendant, mathématiquement, Néné est la première dans la ligne de mire puisqu'elle est l'aînée. Marie, Moineau, Sophie et moi, nous sommes trop jeunes pour qu'on s'occupe de nous trouver des maris, Dieu merci !

3 juin 1853

À Possi, j'ai trouvé un allié pour éviter d'étudier mon piano : Barthélémy. Barthélémy est noir, il est un peu plus âgé que moi. Papa l'a acheté quand il était encore enfant sur un marché aux esclaves en Égypte, avec ses deux frères, Jacques et Matthieu. Maintenant, Jacques et Matthieu sont palefreniers dans nos écuries, et Barthélémy est valet au château. Lui n'a qu'une passion : la musique. Il chante toute la journée, il passe tous ses moments de liberté à fabriquer des instruments extraordinaires, avec des bouts de bois ou de cuivre récupérés ici ou là.

Hier, en entrant dans le salon, surprise : je trouve Barthélémy assis au piano… jouant à la perfection les morceaux que le professeur m'a donnés à étudier la semaine dernière. Sans la moindre notion de solfège, il les reproduisait, en y mettant toutes les nuances. Quand il s'est aperçu de ma présence, il s'est arrêté net, et a joint les mains pour me supplier de ne pas le dénoncer. Lui, un serviteur, il avait osé s'installer dans le sanctuaire des maîtres !

Je l'ai rassuré aussitôt. Il venait de me donner une idée admirable : il allait jouer une musique que tout le monde entendrait, pendant que je courrais les champs. Barthélémy s'est montré enchanté de mon plan, qui fonctionne parfaitement depuis hier. Il suffit que nous entrions et sortions par la fenêtre à l'abri des regards, derrière un gros buisson.

J'ai donc pu échapper ce matin à mon supplice musical quotidien, et j'en ai profité pour aller voir ma volière. J'avais commencé à nourrir ma perruche, Thémis quand j'ai vu… une tache rouge qui avançait au loin parmi les arbres. Je me suis avancée, intriguée : d'où venait cet animal étrange ?… Puis j'ai éclaté de rire : la tache rouge était le plastron d'un cavalier qui arrivait au grand galop par la grande allée du parc. Sur ces entrefaites, Mapperl est accouru.

— Le cavalier porte le plastron rouge et le shako à plumes des officiers de la cour d'Autriche.

Mapperl ne peut pas se tromper. Il est le plus grand spécialiste d'uniformes de toute la Bavière. Il doit avoir à peu près mille soldats de plomb et il passe des heures à les peindre en copiant des images savantes.

Il a continué, tout excité :

– Il porte une lettre pour Mimi. En arrivant, il a dit : « Je ne peux la remettre qu'à la duchesse de Bavière en personne. » Attends, je vais essayer d'en savoir plus…

Il est parti comme une flèche tandis que je retournais à mes oiseaux, un peu perplexe : la lettre d'Autriche doit venir de tante Sophie, la sœur de Mimi. Mais pourquoi a-t-elle besoin aujourd'hui de ce cérémonial ? « Je ne peux remettre cette lettre qu'à la duchesse de Bavière en personne. » En voilà des manières pour écrire à sa propre sœur !

4 juin 1853

Papa et Mimi ont gardé à dîner l'officier autrichien. Il nous a donné quelques nouvelles de Vienne. Il paraît que notre cousin – le fils de Sophie –, l'empereur François-Joseph, a échappé à un attentat récemment : il se promenait sur les remparts quand il a été attaqué par-derrière. Une femme qui avait vu le couteau a poussé un cri, ce qui l'a amené à se retourner. Ce mouvement l'a sauvé : le coup a été amorti par le col du manteau et la lanière du képi, et l'assassin a pu être maîtrisé par les voisins alertés par les cris. Il s'agirait d'un nationaliste hongrois, qui voulait se venger de la terrible répression subie par son pays après les troubles révolutionnaires. L'officier a affirmé :

– L'empire ne saurait être trop sévère pour ces peuples qui veulent l'indépendance. L'indépendance, qu'en feraient-ils ? Ils ressemblent à des enfants incapables de se gouverner eux-mêmes !

J'ai vu que papa fronçait les sourcils : ce genre de déclaration n'est vraiment pas faite pour plaire à son âme républicaine.

Mimi a senti son irritation. Pour calmer l'atmosphère, elle a prié notre hôte de venir s'asseoir au salon pour prendre le café… mais au salon, impossible de s'asseoir ! Comme d'habitude, nos chiens étaient installés sur tous les sièges. Il a fallu déloger notre gros Schnapperl qui a montré les dents et failli mordre notre invité. Heureusement, Néné s'est mise au piano, elle a joué longuement et, peu à peu, le climat s'est détendu dans la musique. J'ai soudain remarqué que ma sœur était exceptionnellement élégante ce soir-là. Elle portait une robe de satin bleu qui lui découvrait les épaules et, sur sa gorge, scintillait le collier en rubis de Mimi. Pourquoi donc Mimi lui avait-elle prêté ses plus beaux bijoux ? Pour cet officier que personne n'avait jamais vu ? Curieux…

Le soir est tombé. Après les salutations d'usage, chacun est monté se coucher. Schnapperl, furieux d'avoir été évincé de sa place, a alors bondi vers le siège que l'officier venait de laisser libre… et il a failli le renverser. Mimi s'est excusée, consternée. Notre invité, en homme du monde, s'est relevé avec dignité – « Ne vous inquiétez pas, ce n'est rien… » – mais je l'ai distinctement entendu dire à son domestique chargé de le guider vers sa chambre avec un flambeau : « Un train de gueux ! Ces gens-là mènent un train de gueux ! », ce que j'ai trouvé très impoli pour mes parents. Pourvu que Mimi n'ait rien entendu ! Elle qui s'inquiète tant de notre réputation !

16 juin 1853
Cet après-midi, Poussin est venu me voir.

– Toi, tu m'avais promis une course à la nage dans le lac Starnberg.

Il n'avait même pas fini sa phrase que je courais dans ma chambre, et je sonnais Nannerl pour qu'elle m'aide à mettre mon costume de bain. Naturellement, il était prêt avant moi, il n'a pas tant de vêtements à dégrafer, à déboutonner, à délacer. Quand je suis arrivée sur la berge, il s'ébrouait déjà dans le lac. Il m'a lancé :

– Mais qu'est-ce que tu faisais ? J'ai cru que tu ne viendrais jamais !

Pour toute réponse, je l'ai éclaboussé. Les garçons ne se rendent pas compte : ils n'ont qu'à enlever leur pantalon et en mettre un autre plus léger pour se baigner, tandis que les filles doivent enfiler une jupe par-dessus un pantalon bouffant puis un caraco à manches longues. Même ainsi empêtrée, j'ai réussi à le battre à la course. Ensuite, nous avons rejoint notre petite île et nous avons grimpé dans notre chêne. Là, nous sommes dans notre royaume, un royaume vert de feuilles et d'oiseaux, qui n'appartient qu'à nous. Je me suis mise à rêver :

— Je voudrais rester là toute ma vie. Et puis de temps en temps, je partirais, j'irais en Égypte, et même au-delà, je ferais de grands voyages comme papa.

Poussin fixait l'horizon, perdu dans ses chimères.

— Nous irons beaucoup plus loin, beaucoup plus vite que papa. Mon ami August a pris le train pour la première fois. Eh bien, pour aller de Leipzig à Dresde, il a mis moins d'une journée, tu te rends compte !

Pour lui faire plaisir, j'ai fait semblant de partager son enthousiasme.

— Miraculeux !

Poussin continuait :

— Tu te rends compte, ces distances parcourues en un clin d'œil ! Les secours qu'on peut apporter aussitôt aux victimes des catastrophes ! Les savants de toutes disciplines qui peuvent se rencontrer, échanger leurs découvertes !

J'ai souri.

— La science, ton domaine de prédilection, comme la musique et le théâtre pour papa…

— Papa est un égoïste qui ne pense qu'à s'amuser, a murmuré Poussin. Je ne veux pas l'imiter, j'aurai une vie utile aux autres.

Soudain, son regard s'est fait déterminé.

– Un jour, je serai médecin, tu m'entends, un grand médecin.

J'ai ouvert de grands yeux.

– Un duc, devenir médecin !

– Oui, a repris Poussin, les dents serrées, le premier duc de Bavière médecin !

Et il a ajouté, d'une voix sourde :

– Moi, on ne m'appellera pas « Votre Altesse » mais « Docteur ». Je ne revendique aucun autre titre.

Nous sommes revenus à Possi, la tête remplie des rêves les plus fous.

À l'arrivée, Mapperl nous attendait. Il était furieux.

– Pourquoi vous ne m'avez pas emmené ? Vous faites toujours tout sans moi !

J'ai essayé de le consoler :

– Tu es trop petit pour nager si loin ! L'année prochaine, tu nous accompagneras.

Mapperl a tapé du pied.

– Non, je ne suis pas trop petit. Et puisque vous êtes si méchants, je ne vous dirai pas mon secret.

Poussin a haussé les épaules. Les secrets du petit Mapperl ne devaient pas peser bien lourd.

Ce mépris n'a fait qu'augmenter la rage de mon pauvre petit frère. Il s'est enfui en hurlant :

– Mon secret, c'est que Néné va épouser l'empereur d'Autriche !

Sur le moment, nous n'y avons pas prêté attention. Mais ce soir, je repense à cette phrase étonnante :

« Néné va se marier avec l'empereur d'Autriche ! »
Pourquoi a-t-il dit cela ? Il n'a pas pu l'inventer… Un
doute s'insinue dans mon esprit. Néné ne va quand
même pas partir en Autriche, si loin de nous tous,
pour se marier. Elle serait trop malheureuse.

20 juin 1853
Les Paumgarten sont venus en visite et j'ai revu
ma chère amie, Irène. J'étais folle de joie de la retrouver. Elle est toujours aussi drôle et sans façons. Elle
a tenu absolument à visiter nos nouvelles salles de
bains. Je la voyais ouvrir et fermer sans fin un robi-
net, elle n'en revenait pas de cette eau qui vous
obéit à volonté. J'ai bien vu, à sa façon de fixer des
yeux les oiseaux peints sur les murs, qu'elle avait une
demande qui lui brûlait les lèvres. Finalement, elle
s'est décidée :
— Je voudrais bien… essayer les toilettes.
En riant, j'ai été lui montrer comment actionner
la chasse d'eau. Elle est revenue enchantée, tout en
disant qu'avec ce système, les serviteurs n'auraient
plus rien à faire. J'ai suggéré que cela leur permettrait
justement de se consacrer à des tâches plus intéressantes que de vider nos pots de chambre. En plus, ils
étaient très contents d'en profiter eux aussi. Irène en
a eu le souffle coupé.
— Vous avez fait des installations comme ça aussi
pour les domestiques ! Non ! Pas possible… Eh bien,
vous alors !

— Pourquoi pas ? lui ai-je répliqué. Ils ont droit au confort, autant que nous.

Ensuite, nous sommes allées aux écuries. Nouveau choc pour ma pauvre amie : elle a poussé un cri quand elle a vu Jacques et Matthieu. Chaque fois, elle se reprend :

— Oui, tu me l'as déjà dit, ils sont baptisés, ce sont des chrétiens comme nous, même s'ils sont noirs… Mais bon, je n'y peux rien, je… ils me font peur…

Il faut pardonner à Irène : elle n'est jamais allée plus loin que la Bavière et Barthélémy et Matthieu sont peut-être les seuls Noirs qu'elle verra jamais. Je vais lui donner une crèche avec un Roi mage noir. Ainsi, elle comprendra que les Noirs étaient à côté de Notre Seigneur dès le premier jour.

La pauvre ! Elle tremblait toujours quand Barthélémy s'est approché d'elle en tenant Neige par la bride. Neige est une petite jument toute calme qui convient très bien à Irène.

Elle a soupiré :

— Je me sentirais bien plus stable, si nous pouvions monter à califourchon comme les garçons…

— Cesse de rêver, nous ne sommes pas des garçons !

Et nous sommes parties pour une longue promenade. Nous sommes si bien dans la forêt, loin de tout, loin du bruit, loin du monde. Il y a eu un moment miraculeux, quand nous avons surpris une renarde jouant avec ses petits dans une clairière. Minute de paradis qu'on voudrait voir durer toujours…

Il faisait presque nuit lorsque nous sommes rentrées par le chemin le long du lac.

Je l'ai quittée avec regret. Tous les départs me donnent du vague à l'âme. Je remontais tristement dans ma chambre quand j'ai croisé Poussin, Moineau et Mapperl étouffant de rire : il paraît que toute la famille Paumgarten avait tenu à essayer les toilettes !

Cette histoire de mariage pour Néné me soucie. Je vais en reparler à Poussin. Peut-être peut-il obtenir des éclaircissements.

22 juin 1853

Ma perruche Thémis couve ! J'ai couru l'annoncer à Néné, toute contente… et je l'ai trouvée avec Mimi, dans le salon. Leur conversation s'est arrêtée quand je suis entrée. Visiblement, mon histoire ne les a pas du tout intéressées. Néné m'a seulement fait une remarque désagréable sur mon tablier déchiré :

– À l'avenir, essaie d'être plus présentable quand tu entres dans le salon.

Qu'a donc Néné en ce moment ? D'habitude, elle ne prend pas d'aussi grands airs avec moi.

23 juin 1853

On me cache quelque chose à Possi. Mimi et Néné sont en perpétuel conciliabule. En ce moment par exemple, je les vois par la fenêtre, toutes les deux assises sur un banc dans le jardin. Je me demande bien de quoi elles parlent. Et si Mapperl avait dit vrai ?

Soudain, je revois la visite de cet officier ridicule : serait-il venu… pour demander Néné en mariage au nom de l'empereur d'Autriche ? Non, je ne veux pas le croire.

26 juin 1853

J'en ai parlé à Irène qui est venue hier : elle a haussé les épaules.

– Tu te rappelles, mon petit frère, Louis ? Lui aussi passait son temps à inventer des histoires pour se rendre intéressant ! Ta tante Sophie est connue pour être en adoration devant son fils, qu'elle considère à peu près comme un dieu. Pourquoi irait-elle lui chercher une femme au fond de la Bavière ? Il lui faut au moins une fille de roi !

Ces propos m'ont un peu rassurée et j'étais contente de voir qu'Irène pouvait parler maintenant tranquillement de son petit frère Louis. Il est mort l'an dernier et elle en avait conçu un terrible chagrin. J'avais écrit des poèmes à sa mémoire et je les lui avais envoyés. Maintenant, elle est capable de se remémorer ses petits traits de caractère. Tant mieux ! Elle commence à guérir de ce deuil terrible. Nous sommes allées voir ma volière, où Thémis couvait de tout son cœur. Puis Irène a tenu absolument à admirer une nouvelle fois nos installations sanitaires. La baignoire, en particulier, la plonge dans la stupéfaction. Elle est restée longtemps à la contempler puis elle m'a posé une question totalement saugrenue :

– Est-ce que tu t'y baignes toute nue ?

J'ai éclaté de rire : bien sûr que non, je ne me baignais pas toute nue ! Je lui ai montré mes longues chemises de bain, qui me couvrent jusqu'aux chevilles et jusqu'aux poignets. Elle a trouvé nos méthodes modernes intéressantes. Elle va en parler à sa mère. Chez elle, on se lave devant une petite table de toilette, à côté d'un serviteur qui vous verse de l'eau, sur les mains, puis sur les bras…

Finalement, Irène m'a donné une idée : cela doit être très amusant de se baigner toute nue. J'ai envie d'essayer. De toute façon, la pudeur sera sauve : en chemise ou non, il y a toujours un paravent devant ma baignoire.

27 juin 1853

Ce soir, pendant que Nannerl m'aidait à me déshabiller, je lui ai demandé :

– Et toi, crois-tu que Néné peut devenir impératrice ?

Nannerl a fait un peu attendre sa réponse. Puis elle m'a lancé, tout de go :

– Ce n'est pas votre sœur qui deviendra impératrice, mais vous.

J'en suis restée totalement abasourdie.

— Nannerl, pourquoi dis-tu cela ?

— Parce que vous êtes née avec une dent, Mademoiselle. J'étais là le jour de votre naissance et je vous ai donné votre premier bain.

Pourquoi doit-on devenir impératrice parce qu'on est née avec une dent ? La logique de Nannerl dépasse l'entendement. Je n'ai plus rien ajouté, et je suis allée me coucher en pensant que je vivais au pays des fous.

28 juin 1853

Mapperl avait bien dit la vérité. Il avait surpris une conversation entre nos parents, juste après la visite de l'officier autrichien : Néné va épouser l'empereur d'Autriche. Mimi nous l'a annoncé ce matin à table. Tante Sophie, la sœur de Mimi, l'a choisie pour se marier avec son fils, François-Joseph. Néné sera donc impératrice ! Ma sœur sera impératrice. Je reçois cette nouvelle comme un coup de tonnerre. Notre famille va-t-elle commencer à se séparer ? Néné pourra-t-elle s'habituer à un style de vie si différent du nôtre ? Je n'en sais rien…

En attendant, j'ai une idée : je vais l'aider en lui donnant des leçons d'équitation. L'autre jour, son cheval a rué devant un obstacle, Néné s'est affolée, et elle s'est retrouvée les quatre fers en l'air dans un buisson. Heureusement, elle s'en est tirée avec seulement quelques contusions, mais quel manque de dignité pour une future impératrice ! Imaginons que ce genre d'imprévu lui arrive lors d'une cérémonie officielle à la cour. Je n'ose pas y penser !

Je vais reprendre la situation en main : dès demain, nous commencerons par une petite promenade dans le parc, sur mon cheval, Ajax. Je vais expliquer à Ajax qu'il doit aider Néné à assumer son futur rôle d'impératrice. Le choix de tante Sophie représente un grand honneur pour notre famille. Néné doit y faire face, et nous en sommes tous responsables, même Ajax.

29 juin 1853
Les événements se précipitent : le mois prochain, l'empereur François-Joseph fêtera son anniversaire à Bad Ischl. Néné aura ainsi l'occasion de rencontrer son futur fiancé. Maman veut m'emmener aussi pour que je me familiarise avec les manières de la cour. Je sortirai ainsi un peu de ma sauvagerie, m'a-t-elle dit. Ce voyage ne me déplaît pas. Je vais revoir mon cousin, Charles-Louis, que j'avais rencontré il y a quelques années à Innsbruck. J'aime bien Charles-Louis. Il m'écrit souvent et il m'envoie des cadeaux : une montre, des chocolats, des bonbons, une bague et un bracelet. Quelquefois, je lui écris pour le remercier et quelquefois j'oublie. Tiens, il faudrait que je retrouve la bague qu'il m'a donnée. Je la porterai pendant le séjour à Bad Ischl. Cela lui fera plaisir. L'ennui, c'est que je ne sais plus du tout où je l'ai mise… peut-être avec mes crayons de couleur… J'irai faire des recherches, ce soir. Pour le moment, je dois en

priorité donner une leçon d'équitation à Néné. Elle y met de la bonne volonté, il n'y a aucun doute, mais il faut être franc, elle n'a même pas encore atteint le niveau minimum. Elle tremble sur sa selle, elle ne parvient pas à se placer correctement. Pauvre Néné ! Quel rôle difficile l'attend ! Enfin, si elle porte en elle cette vocation profonde, elle y arrivera certainement. Pour ma part, j'ai bien réfléchi : je porte une vocation profonde d'écuyère de cirque.

3 juillet 1853

Le grand jour de la présentation à l'empereur approche. Néné n'a plus une minute à elle : essayages avec les couturières, leçons de géographie, d'histoire, de langues étrangères. Que doit-on savoir pour être impératrice ! Je n'aimerais pas être à sa place.

Et pendant ce temps-là, on me laisse une paix royale. Quelle chance ! Le matin, je vais quand même prendre mes leçons avec la baronne Wulffen à qui je donne du fil à retordre : je ne peux pas tenir en place. Sans cesse, je bouge, je cours, je saute. Impossible de m'en empêcher ! Pour moi, un crayon ne peut servir qu'à écrire des poèmes ou à dessiner à ma fantaisie. Je ne suis pas douée pour les obligations, tant pis !

Enfin, à deux heures, la baronne a fini de me faire souffrir. À moi la liberté ! Je cours dans le parc pour rejoindre mon cheval Ajax, ou je vais soigner mes oiseaux. Quand les œufs de Thémis vont-ils éclore ? Ils ne devraient pas tarder maintenant.

7 juillet 1853

Je regrette beaucoup de me séparer bientôt de Néné. J'espère qu'elle ne se sentira pas trop perdue à Vienne, sans nous. Pourvu qu'elle trouve une nouvelle famille accueillante ! Et l'empereur François-Joseph, à quoi ressemble-t-il ? Je l'ai vu il y a quelques années, mais je ne m'en souviens presque plus. Je ne peux pas m'en empêcher, je lui en veux de me prendre ma sœur. Il a intérêt à être gentil avec elle !

15 juillet 1853

Papa nous a annoncé qu'il ne viendrait pas avec nous à Bad Ischl. Il a prétexté ses responsabilités de duc de Bavière. Personne n'est dupe : en vérité, il déteste tante Sophie depuis le jour où elle n'a pas voulu saluer ses meilleurs amis, l'avocat Schauss et l'architecte Gail, parce qu'ils n'étaient pas comme elle, de haute noblesse. La seule idée que nous pouvions recevoir chez nous des roturiers la faisait blêmir d'horreur. Résultat, papa a joué la provocation : il l'a emmenée visiter le cirque qu'il a fait bâtir dans notre résidence d'hiver à Munich. Pour couronner le tout, il lui a annoncé le prochain spectacle où il se produirait dans un numéro de clown. Un duc de Bavière, clown dans un cirque ! Tante Sophie a failli tomber en syncope. Elle est repartie pour Vienne sans presque nous saluer. Finalement, nous étions plutôt soulagés de son départ. Seule, Mimi n'en dormait plus : Dieu sait ce que tante Sophie allait raconter sur nous à la cour de

Vienne ! Les ragots iraient bon train, la réputation de notre famille était perdue, les mariages de ses filles compromis… et puis tout s'est arrangé visiblement, avec cette magnifique proposition pour Néné.

Je trouve que papa a raison de garder ses opinions républicaines envers et contre tout. Il écrit même des articles pour exprimer ses idées dans un journal de Munich et il signe Phantasus, un nom bien à l'image de papa. Si la police savait que le duc de Bavière se cache sous ce pseudonyme, cela ferait un scandale ! Pour se moquer de la censure, qui contrôle les livres, les spectacles, la presse, il coupe lui-même ses textes en plein milieu par des pages blanches, et il marque en travers : « censuré ». Tous ses amis en pleurent de rire.

Moi, je suis comme papa, je suis pour la République !

20 juillet 1853
Dans la bibliothèque du salon, j'ai trouvé des poèmes de Heine. Révélation ! Éblouissement ! Comment ai-je pu vivre jusqu'ici sans connaître un pareil génie ? Je veux tout apprendre par cœur. J'emporte le livre avec moi dans la campagne, et je le lis, assise sur l'herbe, je le lis à mes oiseaux, je le lis à mon cheval.

22 juillet 1853
Mimi veut que je prenne quelques leçons avec le maître à danser de Néné. J'ai donc commencé avant-

hier. Je commence à connaître le rythme de la valse, le cotillon, je maîtrise à peu près. Pour la polka, je suis à mon affaire. J'adore ce petit rythme sautillant. Il me rappelle nos danses bavaroises. Quand j'ai commencé, je ne peux plus m'arrêter.

Pour finir, nous avons appris la révérence de cour que nous devrons faire devant notre cousin, l'empereur François-Joseph. Récapitulons : d'abord reculer la jambe gauche en prenant bien garde de ne pas marcher sur sa robe. Ensuite s'agenouiller un peu comme à l'église, puis courber le dos et la nuque, assez profondément. Néné arrive à tenir cinq secondes dans cette position, moi, je me relève toujours trop vite. Tiens, je vais encore essayer sur le tapis de ma chambre.

Cette fois, ça y est, je crois que je la tiens, cette fameuse révérence. Je vais me recoucher tranquillement. De toute façon, inutile de s'inquiéter : le grand jour, l'empereur n'aura d'yeux que pour Néné, et certainement pas pour moi.

27 juillet 1853
Aujourd'hui, j'ai aidé Nannerl à chercher la plus belle coiffure pour Néné, en vue de sa première rencontre avec l'empereur. Finalement, nous nous sommes décidées pour une cascade de boucles sur les tempes, relevées à l'arrière de la tête par une guirlande de lierre. L'idée de la couronne de lierre vient de moi.

En revanche, j'ai été moins inspirée quand j'ai

voulu me servir du fer à friser : je l'ai laissé un peu trop chauffer et j'ai brûlé le bout d'une mèche de cheveux de Néné. Une odeur de poulet grillé s'est répandue dans la chambre. Heureusement que les dégâts se sont arrêtés là, et que je ne lui ai pas brûlé la joue ! J'en tremble encore. Néné m'a pardonné, mais depuis, elle refuse catégoriquement mes services. Surtout, elle me supplie de me tenir tranquille à Bad Ischl. Je serais capable de tout gâcher, me dit-elle. Je suivrai son conseil, c'est promis. Je serai plus invisible qu'une petite souris.

Un peu rassurée, elle m'a montré la robe qu'elle portera pour cette fameuse entrevue. Quelle splendeur ! De la soie, des broderies d'argent, un semis de petits bouquets de roses… elle portera aussi des souliers assortis, une parure de perles. Nannerl emballera soigneusement tous ces atours et veillera sur eux dans une berline qui nous suivra pendant le voyage.

28 juillet 1853
J'ai deux très bonnes nouvelles aujourd'hui :
Barthélémy va se charger de ma volière pendant mon absence. Il est très compétent pour soigner les animaux, donc tout devrait bien se passer.
Papa l'a entendu par hasard jouer du piano. Enthousiasmé par son talent, il a décidé de l'embaucher pour l'orchestre de son cirque. Nous allons préparer un numéro… dans lequel je monterai Ajax ! J'ai hâte d'être de retour pour commencer les répétitions.

Ce spectacle va inaugurer ma fabuleuse carrière d'écuyère de cirque.

5 août 1853

Hier, nous avons assisté à l'enterrement d'une vieille parente, tante Emma. Les enterrements me remplissent toujours de mélancolie. Je chantais de tout mon cœur avec la foule : *Anges du ciel, accourez pour accueillir cette âme, accompagnez-la jusqu'au trône de Dieu.*

Non, finalement, ce chant était plein de joie. Notre belle église baroque a une décoration exubérante. Je regardais tous les petits anges dorés qui dégringolent de toutes les colonnes et je les imaginais en train d'accueillir tante Emma. Sûrement, elle a déjà jeté sa canne et elle gambade avec eux jusqu'au trône de Dieu.

En attendant, toute la famille portera son deuil pendant un mois. Cela m'est égal de m'habiller en noir, mais Néné est très ennuyée. Elle trouve que cette couleur lui gâte le teint.

15 août 1853, le matin

Quelle aventure ! Quelle journée ! Je m'en rappellerai toute ma vie :

Ce matin, très tôt, Mimi, Néné, et moi nous sommes parties en berline. Nous avions aussi emmené une gouvernante qui vient d'être embauchée. Elle s'appelle mademoiselle Rodi et elle ne parle que pour faire des sermons : « Mademoiselle Élisabeth, marchez avec grâce, faites des petits pas… Vous devez faire honneur à l'éducation de vos parents… » Quand elle commence sur ce ton, je m'enfuis dans les bois, mais en voiture, impossible de lui échapper. De plus, Mimi et Néné souffraient toutes deux d'une crise de migraine terrible. À mon avis, elles ressentaient déjà l'angoisse de la rencontre avec l'empereur. Moi, je ne pensais à rien, je regardais le paysage. Aux arrêts, je pouvais enfin me soustraire à la Rodi, je descendais pour aider le cocher à faire boire les chevaux. J'ai aussi trempé mon mouchoir dans le seau et je l'ai passé sur le front de ma pauvre Néné. D'habitude, l'eau froide soulage ses maux de tête, mais cette fois-ci, visiblement, cette méthode n'a produit aucun effet. Elle m'a demandé plusieurs fois :

– Dis-moi si j'ai mauvaise mine. Pourvu que Nannerl n'ait pas oublié ma crème à la rose, pour m'éclaircir le teint !

Je la rassurais comme je pouvais :

– Mais non ! Tu n'as pas besoin de crème pour fasciner l'empereur au premier regard.

– Tu crois ? C'est vrai ? Tu es sûre ? me redemandait Néné sans cesse.

Bref, nous arrivons enfin à Bad Ischl. Nous commençons à nous installer à l'hôtel Austria dans les chambres qui avaient été réservées. Et c'est l'affolement : la berline avec nos malles n'avait pas suivi.

Rien à l'horizon : elle avait dû prendre du retard à une étape. Néné se tordait les mains.

— Je vais porter cette affreuse robe noire pour la première entrevue avec l'empereur ! Mon Dieu, et Nannerl qui n'est pas là ! Il n'y a qu'elle pour me coiffer correctement !

Sur ce, tante Sophie fait son apparition. En apprenant que nous n'avions rien pour nous parer, elle se met en colère, elle traite Mimi d'irresponsable, de négligente :

— La veille d'un événement aussi important, tu ne pouvais pas t'organiser un peu mieux ? Non mais regarde un peu ta fille ! De quoi a-t-elle l'air dans cette tenue ?

Néné est au bord du désespoir. Mimi baisse la tête, penaude. Rien ne peut m'exaspérer comme cette soumission de ma mère vis-à-vis de sa sœur. Heureusement mon autre tante, Élise de Prusse, essaie de calmer la situation :

— Sophie, prête ta femme de chambre à ta nièce, elle est très adroite, elle va l'arranger à merveille.

La Rodi propose aussi ses services et Néné part avec elle, Mimi, tante Élise, tante Sophie et la femme de chambre, armée de tout un arsenal de brosses, de peignes, de rouleaux, de rubans. Et comme personne ne s'occupait de moi, j'ai pu me préparer tranquillement dans ma chambre. J'ai tressé mes cheveux et je les ai enroulés en chignon sur la nuque à la mode bavaroise. Tout le monde dit que cette coiffure me va très bien. Maintenant, il reste un peu de temps avant la rencontre au palais. Comme je ne sais pas trop quoi faire, je reprends mon journal. J'espère que tout va bien se passer pour Néné tout à l'heure. Elle est tellement nerveuse que ça finit par déteindre sur moi.

15 août 1853, le soir

Que s'est-il passé ? Je n'y comprends plus rien, je ne sais plus où j'en suis. Je vais reprendre le déroulement de cet après-midi, pour essayer d'y voir plus clair.

Donc Néné sort de sa chambre, avec la dignité d'une future impératrice. J'ai le temps de lui souffler : « Tu es superbe ! », et je vois qu'elle se détend un peu. Je ne mentais pas : elle était magnifique, tante Sophie lui avait prêté des bijoux et elle resplendissait comme le soleil. Nous descendons au salon, où nous devions prendre le thé. Mimi, qui est une dame du monde accomplie, fait une révérence devant l'empereur, son neveu. Néné exécute aussi son mouvement dans une perfection totale. Puis vient mon tour, je prends ma respiration et je me lance courageusement : un, le pas en arrière, deux, l'agenouillement, trois, l'inclinaison profonde. Là, je compte mes cinq secondes, sans tricher, je me relève. Je guette l'approbation de Mimi qui me fait un petit signe d'encouragement. Ouf ! Je m'en étais bien tirée ! J'étais tellement concentrée que je n'avais pas encore regardé mon cousin, l'empereur François-Joseph. Et soudain mes yeux croisent les siens… et je me fige, interdite : il souriait… J'ai failli mourir de honte… Est-ce qu'il se moquait de moi ? de ma gaucherie ? J'ai failli partir en courant… Non, il ne se moquait pas de moi, c'était un sourire doux, chaud… presque lumineux, mais nocturne, quelque chose de bleu et de flottant… Comment dire ?… Je n'avais pas de mots, j'étais comme pétrifiée. Nous sommes passés à table, et je ne sais plus ce qu'on nous a servi. Je crois que j'étais à côté de Charles-Louis, avec qui j'avais échangé des lettres l'an dernier. Il me parlait de… je ne me souviens plus. Au bout de la table, il y avait François-Joseph, son regard qui ne me quittait pas… Qu'est-ce que cela voulait dire ? Je n'osais pas me tourner de son côté, je me sentais paralysée, je n'arrivais pas à toucher aux plats. J'enviais Néné, qui est toujours à l'aise dans le monde. Moi, je n'ai pas l'habitude d'attirer ainsi l'attention.

Le thé s'est prolongé assez tard dans l'après-midi, puis Mimi a prétexté la fatigue du voyage pour prendre congé de la compagnie. En remontant dans ma chambre, je me sentais agitée, heureuse et inquiète en même temps. J'ai rencontré Néné qui allait voir Mimi. Elle a détourné la tête en me croisant.

17 août 1853

Rien ne se produit comme nous l'avions prévu. J'essaie de comprendre les événements… mais je n'y réussis pas… Un trouble inconnu a envahi mon cœur comme une nappe de brouillard qui efface tous les repères… un brouillard de bonheur où je cherche en vain l'ancienne Sissi qui était venue à Bad Ischl. On dirait que je viens de naître, que je viens d'ouvrir les yeux sur… quel monde inconnu ? Je ne peux pas démêler mes sentiments… Le regard bleu de François-Joseph ne me quitte pas, j'ai envie de le revoir… et je le redoute en même temps… Est-ce cela l'amour ?

Il me faut raconter cette journée pas à pas, depuis le début… Peut-être cet effort va-t-il m'éclairer sur ce qui se passe en moi.

Tout avait plutôt mal commencé : au déjeuner, je cherchais ma place à la grande table quand mademoiselle Rodi m'annonce d'un ton pincé :

— Mademoiselle Élisabeth, venez déjeuner dans la petite salle à manger des enfants !

J'étais bien obligée de la suivre, mais j'étais absolument furieuse. Moi, reléguée dans la pièce à côté ! Pourquoi m'avait-on invitée si c'était pour me traiter comme une inférieure ? À contrecœur, je m'assieds, bien décidée à me murer dans un silence renfrogné. C'est alors qu'arrive un aide de camp.

— Sa Majesté demande que sa cousine Élisabeth vienne déjeuner à sa table.

Je me lève, triomphante, en me retenant de tirer la langue à la Rodi. Dieu sait pourtant si j'en avais envie !

Mais ensuite, j'ai presque regretté mon humble place avec les enfants : à la grande table, François-Joseph était en face de moi… et je ne savais plus où j'étais… comme si on m'avait précipitée soudain dans un lieu inconnu, un abîme sans fond… Il me dévorait des yeux… Je ne pouvais plus bouger… Comme la veille, j'étais incapable de manger, et même de parler. Je devais avoir l'air d'une oie, au milieu de ces conversations brillantes. Je me suis éclipsée après le café, j'avais besoin de reprendre mes esprits, je n'y arrivais pas… J'ai couru les bois, j'ai arpenté la campagne, seule. J'étais bouleversée dans tout mon être. Je ne comprenais pas ce qui m'arrivait. Quand je suis rentrée, Néné était déjà à sa toilette. La berline transportant nos affaires était enfin arrivée.

Mimi m'a annoncé avec un drôle d'air :

— L'empereur a demandé ta présence au bal de ce soir.

Je me suis mise à trembler : jamais je n'avais prévu une telle invitation. De plus, je n'avais aucune tenue qui convenait. Mimi a dû lire ma détresse car, tout de suite, elle m'a caressé la joue.

— Ne t'inquiète pas, je vais t'aider à t'habiller, tu vas être très belle !

Elle a trouvé dans nos malles une robe de Néné, qui m'allait à peu près, très serrée à la taille, avec une jupe aussi énorme que le ballon d'une montgolfière.

Pendant qu'elle laçait mon corset, je lui ai demandé :

— Montre-moi encore les pas de danse, j'ai peur de ne pas y arriver.

Nous avons fait toutes les deux une répétition dans la chambre d'hôtel. Mimi m'a rassurée :

– Tu te débrouilles très bien, je crois que tu vas même beaucoup t'amuser !

Je n'en étais pas si sûre.

Nous sommes parties pour le bal. Quel bal ! Partout des lustres, des lumières qui faisaient étinceler les bijoux des femmes... Elles ruisselaient toutes de perles, de pierres précieuses, sur les bras, les cheveux, le cou... et des serviteurs s'affairaient, portaient des plateaux chargés de friandises... Moi, je ne savais pas comment me tenir, j'avais peur de m'empêtrer dans les cerceaux de ma robe, j'osais à peine répondre quand on me parlait. Heureusement, mon cousin Charles-Louis est venu à mon secours. Avec lui, je me sentais déjà plus à l'aise. Charles-Louis me taquine toujours, il s'est exclamé :

– Tiens, ma petite cousine de l'an dernier s'est transformée en une belle princesse.

Je l'ai pincé.

– Et mon grand cousin, a-t-il changé ? Non, je suis sûre qu'il va me marcher sur les pieds dès la première danse !

– Chiche ! a répondu Charles-Louis en m'entraînant dans une valse étourdissante.

Puis l'aide de camp de l'empereur est venu me proposer une polka. J'ai accepté sans réfléchir, et dès les premières mesures, j'ai été prise par ce rythme que j'adore. Je sautais, je tournoyais. J'oubliais cet entourage imposant. Mimi avait eu raison, je commençais à bien m'amuser. À la fin de la danse, je me suis immobilisée, essoufflée... en face de François-Joseph, souriant comme après ma révérence de la veille, le même sourire bleu, flottant, impossible à décrire... Soudain, j'ai tout compris : il avait envoyé son aide de camp m'inviter, parce qu'il voulait me voir danser ! Mon Dieu, quel effet avais-je produit ?

J'en étais là de mes réflexions lorsque j'ai entendu une vieille comtesse chuchoter à sa voisine :

– Voici le moment du cotillon. L'empereur va enfin participer au bal. Quelle jeune fille va-t-il choisir ? Je vous avoue que je suis bien impatiente de le savoir.

– Hélène de Bavière, a répondu la dame, tout le monde sait que le mariage est déjà arrangé par les deux familles. Ce sera une annonce de fiançailles officielle.

Cette phrase m'a planté un couteau en plein cœur. Oui, François-Joseph allait épouser Néné, oui, ce mariage était déjà arrangé depuis longtemps. Que faisais-je donc là, moi, la petite sœur, qu'on avait amenée en plus ? J'ai eu envie de m'enfuir, j'étais de trop, dans cette cérémonie prévue d'avance.

Et voilà que l'incroyable s'est produit : l'empereur s'est avancé vers moi en s'inclinant.

– Me ferez-vous l'honneur de me donner le bras pour ce cotillon ?

Moi ? Sissi ? Faire un honneur à l'empereur d'Autriche ? Je ne pouvais pas y croire ! Et pourtant si... D'affolement, j'ai senti mes genoux se dérober sous moi, je me suis appuyée sur le mur pour ne pas tomber... et puis je me suis ressaisie... j'ai pris la main qu'il me tendait. L'orchestre a attaqué les premières mesures. Timidement, j'ai esquissé les premiers pas, en m'appliquant, en essayant de bien me rappeler les figures que nous avait apprises le maître à danser, sauts, pirouettes, révérences, mouvements de bras et... j'ai croisé le regard de mon cavalier... qui m'a enveloppée tout entière... et je ne pouvais plus le quitter, plus rien d'autre n'existait. La musique s'accélérait, il fallait sauter en cadence, se frôler, s'éloigner, se prendre les mains, les lâcher, se saluer, revenir l'un vers l'autre, à nouveau se prendre et se quitter... François-Joseph, qui m'enchaînait à tes mains dans ce rythme envoûtant ? Je te voyais depuis à peine un jour et déjà j'étais liée à toi pour l'éternité. Bientôt, je ne touchais plus le sol, emportée dans un tourbillon irréel. La salle de bal, les serviteurs, les invités avaient disparu, j'avais quitté ce monde, j'étais portée, soulevée par la grâce de cette rencontre, je ne vivais plus que dans cet élan au-delà de moi-même, ce bonheur infini qui s'appelait François-Joseph.

L'orchestre s'est tu. Le cotillon était fini. J'aurais voulu disparaître sous terre : tout le monde avait les yeux fixés sur nous ! Je tremblais, étourdie par la danse et l'émotion, je ne savais plus où j'étais, et je m'appuyais… oui, je m'appuyais sur le bras de François-Joseph. C'est alors qu'un serviteur lui apporte une corbeille de fleurs, des dizaines de roses rouges comme une avalanche de feu… Elles étaient toutes pour moi ! L'empereur me les donnait en pleine assemblée !

Dehors un orage a éclaté, moins fort sans doute que celui qui se déchaînait dans mon cœur… Ensuite, tout s'est brouillé dans la pluie qui fouettait les vitres, les chuchotements de l'assistance, François-Joseph tout près de moi… Le bal était fini, déjà les invités partaient, des serviteurs venaient nous chercher avec des parapluies. Sous l'orage, on se hâtait vers les carrosses. Nous avons remercié tante Sophie, j'ai senti encore une pression de main qui m'accompagnait jusqu'à notre voiture, François-Joseph qui ne pouvait se résoudre à me laisser… et maintenant je suis dans ma chambre, enfin seule, pour me rappeler ces instants avec toi, François-Joseph, toi qui viens de surgir dans ma vie… toi que j'attendais sans le savoir…

18 août 1853, le matin
Je reprends la plume ce matin, dès le petit jour.

Hier soir, je venais de me coucher quand j'ai entendu du bruit dans la chambre à côté, je me suis approchée de la porte entrouverte… et j'ai vu… Néné couchée sur son lit, écrasée par la douleur et les larmes…

En un éclair, j'ai revu le bal d'hier soir et j'ai tout compris : Néné avait vécu jusqu'ici pour être impératrice. Je venais de lui prendre son fiancé et toute sa vie s'écroulait. Je me suis mise à trembler : je n'avais pas le droit de lui causer tant de mal, à elle ma sœur chérie, ma deuxième mère… J'ai couru vers elle, je l'ai embrassée, j'ai bafouillé :

– Néné, je vais te le laisser, c'est toi qui te marieras et pas moi. Le jour de la noce, je jetterai sur vous deux des poignées de fleurs, je crierai : « Vive l'impératrice Hélène ! », et je reviendrai à Possi.

Elle m'a repoussée brutalement.

– Toi, va-t'en, va-t'en ! Je ne peux plus te supporter, je te hais !

Jamais elle ne m'avait dit des paroles aussi violentes.

Mais je suis restée. J'ai redit que j'allais partir, sur-le-champ si elle le voulait. Elle m'a répondu presque en criant :

– Non, non, François-Joseph irait te chercher, il t'aime et moi, il ne m'a même pas regardée ! Tout le monde l'a vu !

Puis elle a caché son visage dans ses mains.

– Que vais-je devenir, maintenant ? J'ai été ridiculisée, humiliée, je ne pourrai plus jamais paraître dans aucune assemblée. Tout le monde dira : « Tiens, voilà celle qui avait été promise à l'empereur. Finalement, il lui a préféré sa petite sœur », et je devrai supporter ça toute ma vie !

Il y a eu un grand silence, que je n'ai pas voulu rompre. Mon bonheur la plongeait dans le malheur.

Il fallait accepter cela, elle comme moi. Puis, je lui ai pris la main, j'ai senti qu'elle s'apaisait peu à peu. Pour finir, elle a murmuré :

— Je ne peux pas t'en vouloir, c'est ainsi.

Et elle m'a demandé :

— Aide-moi à défaire cette énorme coiffure qui m'a fait mal à la tête toute la soirée.

Patiemment, j'ai dénoué toutes les boucles et toutes les nattes. J'ai enlevé les épingles et les rubans. Ensuite, sans nous être donné le mot, nous nous sommes agenouillées et nous avons prié ensemble en demandant au Seigneur de nous éclairer sur ces chemins que nous n'avions pas prévus. Puis je me suis couchée, à nouveau en paix. Dans mon livre de prières, j'ai relu le psaume 139 que j'aime tant.

Mon Dieu, tu me sondes et me connais
Que je me lève ou m'assoie, tu le sais
Mes voies te sont toutes familières.

18 août 1853, le soir

Tant de choses se sont passées aujourd'hui, tout est allé si vite. Ce soir, j'ai l'impression d'être une autre femme. La petite Sissi, qui était venue à Bad Ischl pour accompagner sa sœur a disparu, et je n'en retrouve plus trace, sauf peut-être dans ce journal.

La journée a commencé par une promenade, toujours en famille. Il va falloir que je m'habitue : où que j'aille maintenant, tante Sophie s'impose, elle organise tout, elle donne des ordres, même à son fils qui est empereur. Enfin, c'est comme ça.

Dans la voiture, François-Joseph était à côté de moi, de même qu'au déjeuner. Il tenait ma main dans la sienne. Sans cesse il la portait à ses lèvres. Oh ! Qui a jamais fait battre mon cœur comme ça ? Avec qui ai-je jamais ressenti un bonheur si inouï ? Et maintenant, je n'hésite plus, je sais que ma place est là pour toujours : à côté de François-Joseph.

Tout était clair entre nous deux, sans se l'être dit, nous nous aimions, nous allions nous marier. C'était lumineux, simple, évident, je voulais partager sa vie. Et pourtant que de détours pour y arriver ! Que de formalités ! Il va falloir que j'apprenne cela aussi : François-Joseph est un homme de règles et de principes. C'est ainsi qu'il a d'abord annoncé à sa mère, et non à moi, qu'il voulait m'épouser. Ensuite, il lui a demandé d'en parler à ma mère. Donc, tante Sophie, chargée de cette mission importante, est allée annoncer la nouvelle à Mimi. Soit dit en passant, moi, la principale intéressée, je n'étais toujours pas au courant officiellement. Malheureusement, ou heureusement, je ne sais pas, tante Sophie, rentrant de chez Mimi, tombe sur la Rodi, et ne peut s'empêcher de la prévenir :

– Ce soir, la duchesse Ludovica fera part à Sissi du désir de l'empereur de se fiancer avec elle.

La Rodi ne fait ni une ni deux, elle se précipite chez moi et me répète ces paroles, mot pour mot.

Naturellement, je le savais déjà, mais je fonds en larmes parce que… je ne sais pas pourquoi au juste… en ce moment, je pleure tout le temps. Je pleurais toujours quand Mimi est venue me voir ce soir, pour m'annoncer la grande nouvelle. Elle m'a demandé :

– Crois-tu pouvoir aimer l'empereur ?

J'ai répondu, sans réfléchir :

– Comment pourrais-je ne pas l'aimer ?

Ensuite, Mimi a écrit à sa sœur que oui, je voulais bien, et elle m'a dicté une lettre de consentement pour tante Sophie qui doit la transmettre à son fils. Quel est l'intérêt de tous ces intermédiaires ? Moi, je voudrais galoper à cheval avec François-Joseph, nous irions au bout du monde, nous deux, rien que nous, lui, moi, moi, lui… pour l'éternité…

19 août 1853

Est-ce que je rêve ? Suis-je vraiment devenue la fiancée de l'empereur d'Autriche ? Ce matin, en allant à la messe, une dame m'a désignée à sa petite fille en lui chuchotant quelque chose… l'enfant a écarquillé les yeux comme si elle voyait la Sainte Vierge en personne. Et devant le seuil de l'église, tante Sophie, l'intraitable tante Sophie, s'est effacée pour me laisser passer la première au bras de son fils. Puis l'organiste, déjà prévenu, a attaqué les premières mesures de l'hymne impérial. À la fin de la messe, François-Joseph m'a prise par la main et il m'a conduite vers le prêtre.

— Monseigneur, veuillez nous bénir, voici ma fiancée.

À la sortie, une foule nombreuse nous attendait pour nous jeter des fleurs.

Après le déjeuner, nous avons encore fait une promenade. Dans la soirée, un coup de vent m'a fait frissonner, le temps fraîchit vite en montagne. Alors François-Joseph a enlevé sa capote militaire et il me l'a mise sur les épaules en me murmurant à l'oreille :

— Je n'ai jamais été aussi heureux.

Le soir, il a écrit au roi Maximilien de Bavière pour lui demander son autorisation pour notre mariage. Mimi a envoyé un télégramme à papa pour lui demander aussi son consentement. Il était tellement étonné de la nouvelle qu'il se l'est fait confirmer deux fois ! Quand il a compris que la nouvelle était bien exacte, Sissi prenait la place de Néné, il a répondu qu'il accourait à Bad Ischl pour passer la fin du mois d'août avec nous et son futur gendre. Quel bonheur !

Néné est toujours un peu triste, mais je crois qu'elle ne m'en veut plus maintenant. Elle va souvent se promener toute seule, le regard perdu. Quelquefois, le soir, je l'entends pleurer, puis Mimi va la voir et elles se parlent longuement. J'espère que son chagrin va s'effacer peu à peu. Sûrement, un jour, elle trouvera un fiancé, elle aussi.

27 août 1853

Le roi Maximilien de Bavière a donné son accord à notre union. François-Joseph m'a montré la lettre qu'il lui a écrite pour le remercier. Elle se termine par : « Je ne puis qu'espérer que cette alliance rendra plus durables et plus solides encore, s'il est possible, les liens entre nos familles. »

C'est beau… et tellement lourd et protocolaire… Je me dis toujours que ces formules solennelles n'ont rien à voir avec notre amour, ce torrent de joie qui inonde mon cœur dès que j'entends le pas de mon amoureux… Et dire qu'il faudra ensuite écrire au pape à Rome pour lui demander une dispense parce que François-Joseph et moi sommes cousins germains ! Le roi de Bavière, le pape à Rome, mais que viennent-ils faire, ces grands personnages, entre nous deux ?

28 août 1853

Des journées de lumière, des journées de bonheur, de soleil, des journées qu'on voudrait voir durer toute la vie. Nous partons tous les deux en montagne, nous chassons, nous galopons à cheval, nous déjeunons dans les auberges. Au retour de notre première excursion, nous avons trouvé la ville illuminée. Sur une colline, des lampions avaient été disposés pour former nos initiales, E et F.

Trois bals déjà ont été donnés, depuis l'annonce de nos fiançailles. Comme je n'avais rien apporté qui convenait, je mets les belles robes de Néné, tante

Sophie me prête ses bijoux. François-Joseph vient me chercher le soir, toujours sanglé dans son bel uniforme, et nous allons danser jusqu'à l'aube. Puis je pars à notre hôtel, avec ma famille, et le matin, je trouve François-Joseph qui m'attend au salon. Mimi m'a dit qu'il venait tous les quarts d'heure pour voir si j'étais réveillée.

Maintenant, il commence à me parler de son retour à Vienne où des affaires graves l'attendent. Une crise politique vient d'éclater dans la région des Balkans. Les Russes, en guerre contre la Turquie, voudraient l'appui de l'Autriche. Mais François-Joseph refuse : il veut rester neutre, son pays ne se mettra pas dans un tel guêpier, d'autant que la France et l'Angleterre sont alliés aux Turcs. Il paraît que le tsar Nicolas Ier est furieux. François-Joseph le ressent très douloureusement, il m'a expliqué :

— Nicolas Ier est vraiment mon ami, je lui écris souvent, je lui ai même parlé de toi, je lui ai dit comme tu étais belle, comme ma vie avait changé depuis notre rencontre. Mais en politique, mes affinités personnelles ne comptent pas : entraîner tout mon peuple dans une guerre pour appuyer son ambition, cela, je ne peux pas.

Puis il m'a entouré la taille de son bras, il a appuyé sa joue contre la mienne, si doucement que cela m'a fait trembler avant de murmurer :

— La guerre, quand je viens de me fiancer avec toi, ah non ! Jamais, jamais !

Et il a soupiré :

— Après ce paradis terrestre, dans lequel je vis ici, je vais retrouver cette existence de paperasses, avec ses soucis et ses tracas.

J'essaie de l'encourager, je lui promets que, même de loin, je ne le quitterai pas, je serai son appui dans les difficultés. Il a fait venir un grand peintre, Schwager, pour faire mon portrait, qu'il mettra dans son bureau. Bien sûr, je veux que François-Joseph emporte une image de moi à Vienne, mais quel ennui, mon Dieu quel ennui, ces séances de pose ! En plus, après des heures et des heures de travail, François-Joseph a trouvé le portrait manqué et il en a commandé un autre à Schratzberg. Il n'y a plus qu'à recommencer à rester comme une potiche pendant que le peintre essaie d'attraper une ressemblance !

Pour me distraire, il a fait installer pour moi une balançoire dans le jardin de la villa impériale, et je ris aux éclats pendant qu'il me pousse. J'ai beau avoir quinze ans et l'âge de me marier, j'adore la balançoire. Ce n'est pas du goût de tante Sophie, qui m'assaisonne, chaque fois qu'elle peut, de remarques acides. Il paraît qu'elle aurait dit à Mimi que j'ai les dents jaunes et elle a osé m'offrir un coffret en argent rempli de brosses à dents ! Très aimable, merci bien, chère future belle-mère !

2 septembre 1853

Il est reparti à Vienne, il m'a laissé l'odeur de ses cheveux, la chaleur de ses mains, et une broche en forme de roses. Il est reparti, et je vais passer un mois sans le voir… un mois ! François-Joseph, une minute sans toi et je croyais que j'allais mourir… et maintenant, tu ne reviendras pas avant un mois. Je ne peux pas m'arrêter de pleurer.

3 septembre 1853

Il n'est plus là. Qui peut me consoler ? Il est si loin, est-ce qu'il m'a oubliée ? Est-ce qu'il m'aime autant qu'avant ? Il a tellement de soucis avec la crise des Balkans qu'il n'a plus le temps de penser à moi…

Et pourtant, quelque chose me dit que non. Je serre dans ma main la broche qu'il m'a donnée jusqu'à ce qu'elle me fasse mal, qu'elle me pique jusqu'au sang… Je sais que là-bas, dans son bureau à Vienne, l'empereur d'Autriche reçoit l'ambassadeur du tsar Nicolas Ier, il l'écoute avec déférence, il lui fait une subtile réponse politique, et sans cesse, il ne peut s'empêcher de lever les yeux pour regarder mon portrait.

4 septembre 1853

Un courrier est arrivé de Vienne à cheval : la première lettre de François-Joseph ! Je la lis et la relis sans cesse. Il me parle d'amour, de mon portrait, de la veste en zibeline qu'il a choisie pour moi parce qu'il avait remarqué que j'avais froid le soir. Une lettre de

François-Joseph ! Je la porte contre mon cœur tout le jour et toute la nuit…

7 septembre 1853
Il est reparti à Vienne en me laissant l'odeur de ses cheveux, la chaleur de ses mains et une broche en forme de roses. François-Joseph est reparti et je ne veux penser à rien d'autre qu'à sa divine présence…

10 septembre 1853
Ce matin, j'ai fait une longue chevauchée avec Poussin. Il m'a un peu taquinée :

— Tu te rappelles, nous rêvions tous les deux de faire de grands voyages… Tu les feras avant moi : ton mari te fera visiter son immense empire.

J'ai murmuré :

— J'aimais bien rêver de voyages… en restant à Possi.

— Il faut devenir adulte et sortir de ses rêves ! m'a lancé Poussin en partant au galop.

Je n'ai pas tardé à le dépasser, et nous avons lutté de vitesse à travers les bois. La course est toujours notre jeu favori. Au retour, nous allions au pas, côte à côte à travers bois. Il m'a encouragée :

— Nous t'accompagnerons tous à Vienne, et nous resterons là-bas, jusqu'à ce que tu te sois bien habituée à ta nouvelle vie.

J'ai soupiré :

— Ensuite, vous partirez, et je resterai seule.

— Tu auras François-Joseph pour t'aimer, il sera ta famille et ta patrie, m'a assuré Poussin.

Nous arrivions à l'écurie. Comme d'habitude, j'ai sauté à terre, et j'ai conduit Ajax dans sa stalle. Puis j'ai voulu chercher de la paille pour le bouchonner… et Poussin m'a ôté le bouchon des mains.

— Ah non ! Tu n'as plus le droit de faire cela. Je vais appeler Matthieu.

Je l'ai regardé, interloquée.

— Je n'ai plus le droit de bouchonner Ajax ? Tiens, et pourquoi donc ?

— Parce que ce n'est pas le rôle d'une future impératrice ! a répondu Poussin, d'un ton définitif.

Sur le moment, je n'ai pas tellement réagi, j'avais une faim de loup et j'avais surtout envie de courir vers la cuisine, pour demander une choucroute bien brûlante, parfumée de grains de genièvre, et arrosée d'une chope de bière brune. Surprise : en arrivant, Mimi m'a barré le passage.

— Manger dans la cuisine ? Tu n'y penses pas ! Je vais sonner pour que Barthélémy t'apporte un plateau au salon.

J'ai cru que toute la famille devenait folle. Mais il a bien fallu en passer par là : plateau en argent, tasse de porcelaine, petits pains… Et ensuite, Mimi s'est presque fâchée :

— Sissi ! Mange plus lentement, interromps-toi de temps en temps pour boire une gorgée de café…

– J'ai faim ! ai-je répondu, en attaquant un deuxième croissant.

– Mais ça ne se dit pas ! a protesté Mimi, maintenant que tu vas devenir impératrice, tu n'as plus à parler de ta faim, de ta soif…

Tout s'expliquait : ma destinée brillante tournait la tête à toute la famille ! Jusqu'à Néné qui m'a donné un petit coup sec sur le dos.

– Tiens-toi plus droite !

La situation virait au cauchemar. Heureusement, le salut est venu de Schnapperl qui a bondi pour attraper un croissant sur la table en renversant la cafetière. Nous avons éclaté de rire, et nous nous sommes retrouvés, les Wittelsbach, assis par terre comme d'habitude, et partageant nos gâteaux avec nos chiens et nos chats.

12 septembre 1853

Ce matin, je suis descendue à la bibliothèque pour ma leçon, bien décidée à faire enrager ma chère baronne Wulffen, selon ma coutume. Plus de baronne Wulffen ! À la place, une petite dame, sèche et grise comme une musaraigne, m'attendait. Elle s'est présentée :

– Miss Smith, je suis votre professeur d'anglais.

Sans me donner le temps de réagir, elle m'a donné un cahier et m'a intimé l'ordre de copier des verbes. J'ai réussi à en écrire deux. Je cherchais désespérément un moyen de m'échapper… lorsque je me suis aperçue que ma plume était très usée. Je me suis mise à la tailler avec application, tâche qui m'a pris un temps infini. Naturellement, je l'avais taillée de travers, de façon qu'elle n'écrive plus du tout. J'ai alors annoncé :

– Je vais sonner notre valet, pour qu'il m'apporte de nouvelles plumes.

J'ai donné deux coups de sonnette, ce qui est un signal pour Barthélémy : dans ce cas-là, il ne doit surtout pas arriver. Nous avons donc attendu. La musaraigne s'est impatientée. J'ai fini par annoncer que j'allais chercher des plumes moi-même, je suis sortie, j'ai trouvé Poussin à cheval, il m'a prise en croupe, et adieu la leçon d'anglais ! Nous nous sommes enfuis dans les bois, et nous ne sommes revenus que deux ou trois heures plus tard.

13 septembre 1853

À l'écurie, je bouchonnais Ajax, malgré les objurgations de Poussin quand j'ai vu Mimi venir vers moi. À sa démarche énergique, j'ai tout de suite compris qu'elle n'était pas contente. De fait, elle a commencé d'un ton courroucé :

– Sissi, je crois que ta leçon d'anglais ne s'est pas très bien passée hier…

J'ai bafouillé :

– Heu, j'avais un problème avec mes plumes…

Mimi m'a coupée sèchement :

– Trêve de balivernes ! Ma sœur m'a écrit. Elle tient à ce que nous corrigions ton éducation, qui a été très négligée jusqu'ici. Il faut que tu te rendes compte des grandes responsabilités qui vont être les tiennes désormais : tu représenteras l'empire d'Autriche...

Elle m'a tendu un papier.

– Voici la liste de tes obligations.

Mimi a tourné les talons, et j'ai découvert avec stupeur le programme que tante Sophie comptait m'infliger :

Apprendre à monter à cheval. Je sais déjà.

Apprendre l'anglais, l'italien, le français. Je déteste les Français, ils ont guillotiné Marie-Antoinette, la grand-tante de mon François-Joseph bien-aimé. Je déteste les Anglais. Ils veulent faire la guerre au tsar, qui est l'ami de François-Joseph. Quant à l'italien... j'y réfléchirai plus tard...

Me perfectionner en piano. Barthélémy le fait très bien à ma place.

Apprendre les danses de Vienne. Et pourquoi Vienne n'apprendrait pas plutôt les danses de Bavière ?

Apprendre à broder. Je n'y arriverai jamais.

Apprendre l'histoire de l'Autriche. Cela ne m'intéresse absolument pas.

Comme rien dans cette liste ne m'inspirait, ou plutôt tout me hérissait, je suis partie dans la campagne galoper sur le dos d'Ajax. Partout, dans le reflet des feuilles, la fuite des nuages, je voyais les yeux de François-Joseph. Encore trois semaines avant son arrivée !

15 septembre 1853

Ce matin, je n'avais pas envie de me lever : la perspective de voir Musaraigne, son air pincé et ses verbes irréguliers me mettait d'une humeur exécrable. À la messe, j'ai essayé de demander au Seigneur la force de l'affronter, mais je n'y réussissais même pas. Pour achever mon supplice, au petit déjeuner, Néné a annoncé, la mine réjouie :

— Je vais dire au cocher de faire atteler pour cet après-midi : il y a un goûter chez la comtesse de Schilcher. Nos cousines, Aldegonde et Hildegarde, m'ont promis qu'elles viendraient aussi.

J'ai repoussé mon assiette, découragée. Maintenant, Néné pouvait dire : « j'ai envie d'aller ici ou là », elle allait s'amuser, pendant que je resterais à pleurer sur des cahiers.

— Mais qu'as-tu donc ? m'a demandé Néné.

J'ai répondu bêtement :

— Je n'ai pas envie de faire de l'anglais.

Mon excellente sœur a changé immédiatement tous ses plans.

— Je vais assister à la leçon avec toi, tu vas voir, j'ai un peu d'avance en anglais, je pourrai t'aider ; et ensuite, nous irons à la fête ensemble. De toute façon, Hildegarde et Aldegonde seraient trop déçues de ne pas te voir.

Je l'ai regardée avec reconnaissance : Néné est vraiment une sœur irremplaçable ! Elle est venue patiemment réciter et copier les verbes anglais à mes côtés, puis elle a poliment remercié Musaraigne et nous sommes montées dans notre carrosse. En chemin, elle m'a confié :

– Tu sais, j'ai très envie que tu saches bien l'anglais. Quand je viendrai te voir à Vienne, tu seras entourée d'une foule de courtisans. L'anglais nous servira de langue secrète. En plus, je sais que tante Sophie ne le comprend pas.

Chère Néné ! Elle prévoyait tout ! Chez les Schilcher, j'ai reconnu de loin Aldegonde et Hildegarde, qui se font toujours sur la tête la même construction de rubans compliquée. Elles ne cessaient de me poser des questions sur l'empereur, sur le bal de Bad Ischl : combien de colliers portait ma tante Sophie ? Quels étaient les plats qu'on avait servis au dîner ? Comme je ne me rappelais pas très bien ces détails, j'en ai inventé quelques-uns. Elles se réjouissent d'avance de venir à mon mariage.

– Nous serons là pour te soutenir, dans tes débuts d'impératrice, m'ont-elles promis.

Je suis vraiment contente qu'elles n'aient changé en rien leurs manières avec moi. Les autres jeunes filles présentes m'ont dit : « Impératrice ou pas, tu seras toujours notre Sissi ! »

17 septembre 1853
Je n'en peux plus ! Ce matin, à peine étais-je délivrée de Musaraigne, que j'ai vu arriver une grande maigre, immédiatement surnommée Girafe par mes

soins : le professeur de français. Et tout de suite, il fallait apprendre comment on disait « bonjour, merci, au revoir, je suis enchantée de faire votre connaissance », et autres fariboles que je devrai dire à la cour. Je bouillais, je butais sur cette grammaire impossible, cet accent tonique à la fin des mots, ces verbes qu'il faut mettre juste après les sujets dans les propositions... Bref, dans cette langue, tout est à l'envers. Odieux ! Comme Néné répétait tout admirablement, le professeur a fini par se tourner vers elle, oubliant qu'il était chargé de mon instruction et non de la sienne. J'ai fait semblant de copier une leçon sur une feuille, en réalité, j'écrivais une lettre d'amour à François-Joseph.

18 septembre 1853

Néné continue de m'accompagner courageusement à toutes mes leçons, mais aujourd'hui, la mesure était comble : après l'anglais et le français, nous nous sommes levées toutes les deux ensemble, et nous avons déclaré qu'il nous fallait absolument une pause pour nous dégourdir les jambes. Nous avons couru au verger, où la récolte de pommes a déjà commencé. Mapperl s'amusait beaucoup à les croquer directement sur l'arbre, avec les petits chenapans du village. Ils nous ont appelées pour nous en offrir, d'un air innocent. Néné, toujours confiante et gentille, s'est approchée, mais j'avais flairé le danger... Effectivement, nous avons été bombardées de pommes ! Je ne me suis pas laissé faire : j'ai essayé de riposter avec des feuilles mortes, avant de m'enfuir, vaincue par le nombre. Dans ma course, je me suis heurtée à un petit monsieur, extrêmement bien habillé. Je me demandais ce qu'il faisait là, au milieu du verger et des pommes mais il s'est présenté de lui-même :

– Baron Hatmann. Je cherche Mlle Élisabeth, je suis son professeur de conversation.

Je lui ai proposé de me faire la conversation en allant soigner mes oiseaux. Il m'a donc suivie avec sa conversation à la volière, puis à l'écurie. Quand je suis montée sur le dos d'Ajax, il a eu quelque difficulté. Tant pis pour lui !

19 septembre 1853

Horreur ! Voilà papa qui prend les choses en main : il me parle de l'un de ces amis, le comte Majtilà, un grand savant qui a écrit une *Histoire de l'Autriche* en trois cents pages. Il ferait, paraît-il, un professeur idéal pour moi. J'imagine déjà l'austère barbon ! Non, je n'en veux pas, je n'ai aucun goût pour l'étude, aucun don pour les langues. Je n'ai qu'un amour : la liberté, l'espace.

20 septembre 1853

Ce matin, je me suis levée avant l'aube, je n'ai pas assisté à la messe en famille, ma prière était la naissance du soleil sur le lac, et j'ai observé longtemps les hirondelles qui rasaient l'eau, pour boire, avant de reprendre leurs tourbillons dans les airs.

Au retour, personne ne m'a fait de réflexion. Néné avait pris ma place avec les professeurs. Elle m'a juste dit :

— Oui, Sissi, c'est normal, tu as encore besoin de t'échapper. Demain, tu auras repris courage et nous nous remettrons à l'étude toutes les deux.

J'ai secoué la tête. Je ne voulais pas m'y remettre. François-Joseph s'adaptera à mon caractère. Moi, je ne pouvais pas m'adapter aux exigences de tante Sophie.

Je suis montée dans ma chambre, et j'ai écrit un poème.

Ô hirondelle ! Prête-moi tes ailes,
Emmène-moi au pays lointain.
Que je serai heureuse de briser toute entrave,
De rompre tout lien.
Ah ! si je planais librement avec toi là-haut,
Au firmament éternellement bleu.
Combien je louerais avec joie
Le dieu qu'on nomme liberté.

J'ai inventé une musique pour mon poème et je me suis mise à le fredonner :

— *Ô hirondelle, prête-moi tes ailes,*
Emmène-moi au pays lointain…

Je chantais toujours en descendant l'escalier. Sur la dernière marche, j'ai enjambé Moineau qui installait une salle de bains pour ses poupées, en inondant le plancher avec des petites bassines. Je me suis assise pour jouer avec elle tout en chantant mon poème.

Barthélémy, qui passait par là, s'est mis au piano et m'a accompagnée en sourdine. À la fin, nous chantions tous ensemble :

— *Combien je louerais avec joie*
Le dieu qu'on nomme liberté.

— Vous avez raison, Mademoiselle, la liberté est le plus précieux de tous nos biens.

Je me suis retournée : devant moi, se tenait un monsieur très digne, aux cheveux blancs, appuyé sur une canne. Il a continué, avec un accent un peu rauque que je ne connaissais pas :

— La liberté de construire soi-même sa vie, de disposer de sa personne, voilà ce que nous devons rechercher avant tout. Et la liberté des peuples opprimés sous le joug des tyrans est un trésor inestimable. Il est beau de lui sacrifier sa vie…

Qui était ce mystérieux personnage ? Un grand calme se dégageait de lui. Il me fascinait avec son regard perçant, sa voix égale et douce. Pour la première fois, quelqu'un s'intéressait à mes poésies, les emmenait plus loin, au lieu de m'imposer un savoir extérieur. Et j'avais envie de réfléchir avec lui sur la liberté, sur moi-même…

Alors papa est arrivé, et il a fait les présentations :

— Sissi, voici le comte Majtilà. Il viendra trois fois par semaine de Munich pour te donner des leçons.

Ah bon ? Cet homme était le fameux historien ! J'étais surprise et rassurée en même temps. Des douleurs semblaient le bloquer à l'épaule, il avait du mal à enlever son manteau, je me suis approchée pour l'aider, et je lui ai offert mon bras pour aller à la bibliothèque. Il s'est laissé faire sans gêne. Il continuait de me parler :

— Mademoiselle, je suis venu pour parcourir avec vous l'immense champ de la liberté politique. Qu'en a fait l'Autriche, sur laquelle vous allez régner ?

Non, personne ne m'avait jamais prise au sérieux de cette façon.

Nous nous sommes installés à la bibliothèque et nous nous sommes mis au travail aussitôt. Il avait apporté une carte de géographie qu'il a déployée sur la table : l'Autriche, quarante-neuf millions d'habitants en tout. Puis il a désigné les différentes nationalités qui la composaient : Italiens, Allemands, Croates, Slovaques, Tchèques, Slovènes, Polonais, Ruthènes, Roumains, Hongrois. Sur la Hongrie, il s'est arrêté longuement :

— Mon pays, a-t-il murmuré, mon pays qui a tant souffert... Je veux vous raconter son histoire.

Et il a ouvert un livre plein de merveilleuses illustrations. Au début, on voyait le roi Étienne recevant la couronne des mains du pape en l'an mil, un roi si bon qu'il accueillait les étrangers, fondait des écoles, protégeait les pauvres. Il a organisé le pays d'une façon si intelligente qu'elle s'est maintenue jusqu'à nos jours.

— Nous avons toujours conservé la couronne de saint Étienne comme une précieuse relique, a-t-il ajouté, et grâce à elle notre royaume a tenu bon malgré les envahisseurs.

J'ai demandé :

— Quels envahisseurs ?

— Les Turcs, m'a-t-il répondu. À partir du XVe siècle, ils ont envahi nos terres, rasé les églises, emmené les habitants comme esclaves.

Sa voix se brisait. Il souffrait vraiment en évoquant les destructions et les pillages comme s'il ressentait dans sa propre chair les malheurs de la Hongrie. Puis il m'a parlé longuement de la terrible défaite de Mohács, ou la noblesse hongroise avait été décimée. En l'écoutant, je me sentais remuée jusqu'au fond du cœur. C'est alors que je me suis aperçue que mon petit frère Mapperl avait levé la tête de son coloriage. La Rodi, qui cherchait un livre, s'était aussi immobilisée. Puis ce fut au tour de Moineau, Poussin et Louis qui passaient par là d'être comme ensorcelés par la voix du professeur. À la fin de l'après-midi, toute la famille était réunie autour de nous. Même le serviteur qui nous apportait du thé n'avait pas réussi à repartir. Finalement, Mimi a prié le comte Majtilà de rester dîner avec nous. Il a continué tard dans la soirée à nous parler de son pays bien-aimé. Quand il est reparti, j'ai dit à Mimi :

— Il était vraiment passionnant, j'ai hâte qu'il revienne !

— Et toi qui ne voulais pas le voir ! m'a répondu Mimi en riant. Et en plus, il vient pour tes beaux yeux, il a refusé de se faire payer !

Papa a plissé les yeux d'un air malicieux.

– En instruisant la future impératrice d'Autriche, il espère la gagner à sa cause patriotique.

Je suis allée me coucher sur cette parole.

23 septembre 1853

Je me suis réveillée au milieu de la nuit. Mon cœur battait à grands coups. Les mots de papa résonnaient en moi : « la future impératrice d'Autriche ». Oui, bien sûr, on me l'a dit souvent, mais jusqu'ici c'était comme si je ne l'entendais pas. François-Joseph prenait toute la place, avec son regard bleu, la chaleur de son bras autour de moi. Maintenant, il n'est plus là, et je reste avec ce titre terrifiant : « la future impératrice d'Autriche ». Que m'arrive-t-il ? Quel cataclysme effrayant vient de se produire dans ma vie ? Est-ce que j'ai une tête à être impératrice, moi, la petite Sissi de Possenhofen ? Non, j'ai dû rêver, ce fardeau écrasant ne peut pas être pour moi, ce n'est pas possible… En un éclair, j'ai revu la carte de l'Autriche : une terre immense, des millions d'habitants, les Italiens, les Allemands, les Croates, les Tchèques, les Slovènes, les Polonais, les Ruthènes, les Hongrois… Qu'attendent-ils de moi, tous ces gens-là ? Espèrent-ils me rallier à leur cause ? Comme si, toute seule, je pouvais les aider ! À ce moment, j'ai ressenti une telle angoisse que je me suis levée, je suis sortie dehors en chemise de nuit, j'ai couru jusqu'aux écuries. Dans sa stalle, Ajax m'attendait. J'ai enfoui

mon visage dans sa crinière et je me suis mise à sangloter :

— Tu comprends, je ne vais jamais y arriver, non,
François-Joseph, je l'adore, mais il ne peut pas me
demander cela. Il n'a pas le droit de m'affubler d'un
titre aussi ridicule, aussi effrayant, comme s'il me
mettait une robe beaucoup trop grande, beaucoup
trop lourde pour mes quinze ans. Moi, je n'ai rien
demandé, je ne veux que l'aimer, c'est tout. Pour
son empire, ses Slovaques, ses Ruthènes, il n'a qu'à
se débrouiller tout seul… Il règne dans son palais à
Vienne, et moi, je vis à Possi, avec mes frères et sœurs
et puis voilà. Je continue mes promenades dans la
forêt, mes lectures, mes poésies… Lui, il reste empereur et nous n'allons pas plus loin. Oui, je veux bien
de ses lettres, de ses baisers, mais de son pouvoir…
Ah non ! Surtout pas !

Ajax ne bougeait pas, je sentais son nez humide sur
ma joue, et peu à peu, je me suis calmée, j'ai arrêté
de pleurer, puis je suis remontée tranquillement dans
ma chambre. J'avais retrouvé la paix : Ajax me voyait
très bien en impératrice.

25 septembre 1853

J'ai annoncé à Thémis que j'allais être impératrice d'Autriche. Pour toute réponse, elle a battu des
ailes et elle s'est jetée à coups de bec sur sa voisine,
Coré. Je suis très ennuyée de cette mésentente. J'ai
peur que Thémis ne finisse par tuer Coré dans leurs

affrontements, sans compter qu'elles risquent de blesser les petits... il faut que j'étudie ce problème sérieusement.

26 septembre 1853

Le comte Majtilà est revenu. Cette fois-ci, toute la famille l'attendait, ainsi que les précepteurs de mes petits frères. Nous l'avons suivi dans la bibliothèque. À nouveau, il a déployé sa carte et a désigné la Hongrie.

– L'Autriche nous a aidés à secouer le joug turc, a-t-il commencé. Elle nous l'a fait durement payer en nous imposant sa langue, son gouvernement. Mais en 1848, un vent de révolte a soufflé sur l'Europe. Nous aussi, comme les Français, comme les Italiens, nous avons voulu élire nos propres députés, décider de nos lois, organiser nos écoles. Le poète Petöfi a appelé nos compatriotes à se soulever. Au début, nous avons eu le sentiment que l'Autriche comprenait nos aspirations. Quand Vienne a convoqué une assemblée, pour que nous puissions élaborer une constitution, nous avons été portés par un immense espoir. Partout la jeunesse a explosé de joie... pour peu de temps. Très vite notre révolution a effrayé le pouvoir conservateur autrichien.

La voix du comte Majtilà s'est faite plus basse, il s'est mis à respirer plus vite, comme si les mots ne pouvaient venir qu'à grand-peine, dans une immense douleur :

— L'Autriche nous a envoyé la troupe. Elle a appelé les Russes en renfort. Ils étaient mille fois supérieurs en nombre. Très vite, nous avons su que nous étions perdus. Nous avons enterré la couronne de saint Étienne pour ne pas qu'elle passe aux mains de l'ennemi. Et notre gouvernement est tombé. Nos dirigeants, nos généraux ont été pendus, certains n'ont dû leur salut qu'à la fuite. Il y a eu deux mille arrestations dans la population. Nos journaux ont été interdits. Et que reste-t-il maintenant de notre rêve de souveraineté nationale ? Notre assemblée n'est plus qu'un fantoche dérisoire, méprisé, notre terre a été démantelée. Nous ne sommes plus qu'une province autrichienne.

Un grand silence a suivi. Personne n'osait l'interrompre. On entendait juste le bruit du crayon de Mapperl qui s'appliquait à faire son coloriage, en appuyant à peine sur le papier, pour ne pas troubler la solennité du moment.

Alors le comte Majtilà m'a pris la main.

— Mademoiselle, quand vous serez impératrice, n'oubliez pas la malheureuse Hongrie. Plaidez notre cause auprès de votre mari ! Restaurez le royaume de saint Étienne ! Faites-lui retrouver sa grandeur perdue ! Soyez notre protectrice ! Faites libérer nos prisonniers, faites revenir nos exilés !

En entendant cette supplication, j'ai été tellement troublée que j'en ai eu les larmes aux yeux. Toute la famille me regardait comme si elle m'implorait d'écouter cette prière. Et moi… je ne savais que répondre…

Cet homme qui mettait tellement d'espoir en moi au nom de son peuple... Encore une fois, j'étais débordée, écrasée par ce rôle, cette situation politique tellement difficile, dont j'ignorais tout une heure avant, et que j'étais chargée maintenant de guérir...

Mimi a dû comprendre mon désarroi. Elle a brisé le silence en intervenant d'une voix paisible :

— Monsieur Majtilà, nous prierons tous pour votre pays. Gardez espoir ! Vos compatriotes n'ont pas combattu pour rien. Un jour, certainement, vous serez rétablis dans vos droits.

La tension est retombée. J'ai regardé Mimi avec reconnaissance. Elle avait déchargé ce terrible fardeau de mes épaules pour le partager avec nous tous. Le comte Majtilà a continué sa leçon, d'une façon plus tranquille et comme la fois précédente, nous l'avons gardé à dîner.

Ce soir, dans ma chambre, je réfléchis à tout cela. J'ai envie de copier sur une feuille la carte de la Hongrie. Je vais l'afficher dans ma chambre à côté de mon crucifix, pour la porter dans mon cœur pendant que je dis ma prière à Dieu. Sûrement, il m'inspirera pour aider la Hongrie. Comment ? Je ne le sais pas encore.

28 septembre 1853
Pour aider la Hongrie, je vais commencer par apprendre le hongrois. Je l'ai annoncé au comte Majtilà ce matin, et cette nouvelle l'a rempli de joie.

4 octobre 1853

Ce matin, papa est allé à Munich voir un ami. Il est revenu tout excité :

– Toute la ville se prépare à l'arrivée de l'empereur, c'est l'événement du siècle : sur les balcons, on voit des bannières avec tes initiales entrelacées à celles de ton amoureux. Et voilà ce que j'ai trouvé dans la boutique de souvenirs en face de la cathédrale.

Il a sorti un paquet de son sac : mon portrait ! Au-dessous était écrit en lettres d'or : *Élisabeth de Bavière, la fiancée de l'empereur d'Autriche.*

Je me suis senti vaciller : qu'est-ce que je faisais, franchement, dans une boutique au milieu des souvenirs ?

Papa m'a tapoté la joue.

– Tu sais, dans toute l'Autriche, il n'y a pas un salon, pas une auberge, pas une boutique où l'on ne voit le portrait de l'empereur, accroché au mur. Maintenant, le portrait de la belle impératrice l'accompagnera. Quoi de plus rassurant qu'un couple uni pour veiller sur le peuple, comme père et mère ?

En une seconde, j'ai imaginé ces millions de regards fixés sur moi dans toutes les salles communes de l'empire. Cela donnait le vertige.

Papa m'a souri.

– Ne t'inquiète pas ! Très vite, tu n'y penseras plus !

Il a sauté du coq à l'âne :

– Et je suis passé à l'Opéra. Ils ont programmé

Guillaume Tell pour votre première soirée. *Guillaume Tell*, j'adore !

Il a pris une pose théâtrale, et, la main sur le cœur, il a entonné, de sa voix de baryton magnifique :

– *L'avalanche roulant du haut de nos montagnes,*
Lançant la mort sur nos campagnes,
Renferme dans ses flancs
Des maux moins accablants
Que n'en sème après lui chaque pas des tyrans.

Puis, il s'est mis à rire :

– Le tyran autrichien, mille fois pire que l'avalanche, je ne suis pas sûr que ton fiancé apprécie, surtout quand ce discours vient d'un jeune et beau révolté. L'empereur François-Joseph est connu pour détester la révolte et les révoltés.

J'ai haussé les épaules : qu'est-ce qu'on s'imagine sur mon François-Joseph adoré ? Lui ? Un tyran ? Lui ? Détester quelqu'un ? Ce n'est tout simplement absolument pas possible.

Mapperl jouait à la toupie à côté de nous. Il s'est exclamé :

– Attends, je la connais, l'histoire de Guillaume Tell ! Je vais te la raconter.

Il a couru chercher un livre dans sa chambre. Il a commencé de sa petite voix flûtée en tournant les pages de son livre :

– Guillaume Tell est un montagnard suisse très courageux. Le bailli autrichien, Gesserl, a posé son chapeau sur un piquet au milieu de la place du village et il veut que tout le monde le salue en passant. Évidemment, Guillaume Tell ne veut pas se courber devant le chapeau du bailli Gesserl. Alors tu sais ce qu'il fait, Gesserl, pour punir Guillaume Tell ? Il pose une pomme sur la tête de son fils et il lui ordonne de tirer une flèche dedans !

Mapperl sautait d'excitation.

— Heureusement, Guillaume Tell est le meilleur archer du pays. Il bande son arc : pan ! La flèche atterrit en plein dans la pomme ! Et tu sais ce qu'il a dit, Guillaume Tell, au bailli autrichien ?

Mapperl a lu à voix haute la réplique de Guillaume :

— *Monseigneur, si par malheur, j'avais touché mon fils, j'avais une autre flèche en réserve pour vous dans mon carquois ! Et je vous jure que je ne vous aurais pas manqué !*

Alors le bailli, furieux, a jeté Guillaume Tell en prison… mais, naturellement, il s'est évadé…

Puis Mapperl a couru chercher son arc et ses flèches.

— Viens, on va jouer à Guillaume Tell. On va dire que l'arbre là-bas, c'est le chapeau du bailli…

Je l'ai suivi… on a joué comme des fous tout l'après-midi avec Moineau et ma chère amie Irène. Ces trois-là, j'espère bien qu'ils pourront m'accompagner à Vienne.

5 octobre 1853
J'étais enfin sortie de ma leçon de français, puis d'anglais, j'avais confié à Néné le professeur de

conversation, à qui je n'ai pas trouvé de surnom tellement il est bête. Je monte dans ma chambre : j'avais parié avec Poussin que j'étais capable de me baigner dans le lac en octobre. Donc, je sonne Nannerl pour qu'elle me mette mon costume de bain. Je sonne, je sonne, rien ne se passe. Exaspérée, je m'apprête à aller la chercher… La porte s'ouvre. Je crie :

– Mais enfin, où étais-tu donc ?

Point de Nannerl. À la place, cinq femmes chargées d'une énorme malle en osier envahissent ma chambre. Elles me font une profonde révérence puis elles se présentent :

– Nous sommes les couturières.

Je reste stupéfaite. Avant que j'aie le temps de réagir, elles me prient de les laisser enlever ma robe. Je me retrouve en pantalon et corset, et les voilà qui me mesurent sous tous les angles : la taille, les épaules, la poitrine, les mollets, les pieds, et même les doigts, les poignets, pour l'orfèvre qui fera mes bijoux. Je dois rester immobile comme une statue. De temps en temps, il faut lever les bras, puis les baisser. Elles sont deux à me mesurer, la troisième note les chiffres. Une autre ouvre la malle, des métrages de tissu chatoyant se répandent sur le sol ; elle me les drape sur les épaules, elle me les fait bouffer sur les bras…

– Que préférez-vous pour vos tenues d'après-midi ? De l'organdi ? De la mousseline ? Du pongé de soie ?

Pour me débarrasser de ces sorcières, j'ai répondu n'importe quoi :

— Oui, du pongé de soie ! Très bien ! Parfait !

En vérité, j'entendais ces mots pour la première fois.

Je remarque deux vieilles qui marmottent en lisant un carnet. Je m'approche : il s'agissait de la liste de mon trousseau de mariage… et j'apprends alors avec effarement que j'aurai quarante-trois robes, seize manteaux, soixante-dix-huit chemises, cent soixante-huit paires de bas… et même cent treize paires de chaussures ! Je ne peux m'empêcher de demander à voix haute :

— Pourquoi cent treize paires de chaussures ?

— Parce que vous en changerez tous les jours ! me répond la dame.

De saisissement, les bras m'en sont tombés. Une paire de chaussures par jour !

J'ai redemandé :

— Pourquoi ?

Il n'y avait pas de réponse. Tout était absurde. Dans mon désespoir, j'ai jeté un coup d'œil par la fenêtre. Poussin courait vers le lac. Il m'a crié :

— Je t'attends ?

J'ai répondu :

— Oui, j'arrive !

Et j'ai bondi dans l'escalier, j'ai couru, j'ai sauté dans l'eau.

Nous avons nagé vers notre île. Nous nous sommes

réfugiés sur notre chêne. J'ai raconté à Poussin toutes les persécutions dont j'étais l'objet. Il a essayé de m'encourager :

– Tu vois, moi, je voudrais étudier la médecine. Pour commencer, il faudra que je serve le roi dans ses armées. Eh bien, je ferai mon devoir, jusqu'au bout, avant de réaliser ma vocation. Toi aussi, tu trouveras sans doute un moyen de répondre à ta vocation. Qui sait ?

Puis il a souri.

– Je viendrai te voir à Vienne. Tu verras, on se sauvera tous les deux, on trouvera une île sur le Danube pour nous réfugier... Nous nous cacherons...

Nous nous sommes évadés dans notre rêve, même si nous savions qu'il était parfaitement impossible.

De l'autre côté du lac, je voyais une petite fille, pieds nus, qui gardait les vaches. Et j'ai pensé aux cent treize paires de chaussures qui m'attendaient. J'aurais voulu les lui donner toutes.

Le froid nous a obligés à rentrer. Sur la berge, Nannerl nous attendait avec une longue serviette à franges. Tout en m'essuyant, elle m'a grondée :

– Mademoiselle ! Vous mouiller comme ça ! Au mois d'octobre ? Que deviendra votre amoureux si vous tombez malade ?

– Nannerl, pourquoi à Vienne, devrai-je changer de chaussures tous les jours ?

Nannerl a réfléchi.

— À mon avis, vos chaussures ne seront pas perdues pour tout le monde. Là-bas, les servantes les revendront à prix d'or. J'en ferais autant à leur place. Pensez donc ! Les chaussures qu'a portées l'impératrice !

Ainsi donc, tout le monde était d'accord pour me mettre en prison, même les servantes, même Nannerl…

Je suis rentrée lentement à la maison. Je me suis accroupie par terre, j'ai entouré Schnapperl avec mes bras, et tous les deux, nous avons longuement écouté Néné jouer du piano.

11 octobre 1853
Il a franchi les montagnes pour venir me voir, il est là. Que puis-je raconter d'autre aujourd'hui ?

12 octobre 1853
François-Joseph est allé soigner mes oiseaux avec moi. Pour lui, il n'y a aucun doute : je dois séparer Thémis et Coré. Je vais suivre son conseil.

15 octobre 1853
Il est là, tous les jours, à toutes les heures. Nous parlons d'Ajax, de Thémis, de Coré, de mes frères et sœurs, de Heine. Nous galopons à perdre haleine, nous allons à la chasse. François-Joseph est bon, il est généreux. Il me dit :
— Tu illumines ma vie. Je n'ai plus peur de rien.

J'ai gracié huit condamnés à mort. J'ai levé l'état de siège à Vienne, à Graz, à Prague.

J'ai demandé ce que voulait dire « lever l'état de siège ». Il m'a expliqué :

– Après la terrible révolution de 1848, il a fallu surveiller les agités de très près. Les rassemblements, les déplacements étaient interdits. La ville était sous le contrôle de l'armée. Maintenant que le calme est revenu, j'ai mis fin à tout cela.

Puis il m'a embrassée.

– Le calme est revenu aussi en moi. Depuis que je t'aime, je vois les choses autrement. De loin, tu m'apaises, même en politique !

Oui, notre amour va changer le monde.

16 octobre 1853

Ce soir, nous sommes invités à la soirée de gala à l'Opéra royal. On nous jouera *Catarina Cornaro* de Lachner, finalement. Il paraît que le roi Max de Bavière a fait décommander *Guillaume Tell*, pour ne pas déplaire à l'autoritarisme de François-Joseph. Autoritaire, mon François-Joseph adoré ? Je ne peux pas le croire.

En attendant, il faut que je me livre aux mains des habilleuses pour paraître avec mon fiancé à la loge impériale. Il paraît que tout Munich sera là pour nous acclamer. Cette perspective me terrifie d'avance.

18 octobre 1853

Trois heures ! Pour la soirée à l'Opéra, on m'a habillée pendant trois heures ! Naturellement, Nannerl n'avait plus droit d'officier. Je me suis rappelé avec nostalgie ces bons moments où, debout derrière moi, elle me racontait les derniers potins du lavoir, ou quand je lui faisais mes confidences. Quelquefois, le fou rire nous prenait toutes les deux à propos d'une vétille. Maintenant, plus de fou rire ni de confidence ! Debout au milieu de ma chambre, j'étais la proie de trois ou quatre ou cinq femmes, je n'ai pas compté, et elles m'ensevelissaient sous un déluge de volants, de baleines, de cerceaux, et elles rajoutaient des bouillonnés, des plissés, des juponnés. « Cette tournure est à la dernière mode de Paris », me susurraient-elles en m'écrasant la taille à m'étouffer. Comme si cette seule évocation pouvait me soulager ! À quoi ressemblais-je dans ce harnachement ? À un chou-fleur ? À un énorme gâteau à la crème ?

Je suis sortie, François-Joseph m'a murmuré :

— Tu es belle comme le jour.

À cette parole, ma lourde robe est devenue légère comme une aile de papillon. Je ne voyais que lui, il remplissait l'univers.

Puis nous sommes montés dans le carrosse, nous sommes arrivés à l'Opéra… et il a fallu paraître à notre loge sous un tonnerre d'acclamations. J'ai reculé, j'avais l'impression d'être happée par tous ces yeux qui me dévoraient. Je me suis appuyée sur François-

Joseph. Étais-je capable de supporter cela pour lui, cette marée humaine qui me dévisageait ? J'ai une telle horreur du bruit, de la foule… mais lui ne voyait pas mon trouble, il répétait d'une voix extasiée :

– Tu es splendide, tu me gagnes tous les cœurs !

C'était bien malgré moi ! Je me sentais oppressée, j'écoutais à peine la musique. Cela a duré un temps infini. Ensuite, il y a eu des compliments, des gens à saluer, à remercier… et enfin, nous sommes repartis tous les deux, dans le refuge de notre carrosse. Là seulement, j'ai pu lui avouer :

– Tu sais, je n'aime pas du tout être en représentation comme ça…

Il m'a serrée contre lui.

– Tu es faite pour ça, ma petite impératrice bien-aimée ! À Vienne, tu feras un triomphe !

Un triomphe ! Mon Dieu ! Qu'ai-je à faire d'un triomphe ? Mon angoisse a failli tourner à la panique.

Mais il était là, rien que pour moi, nous étions tous les deux, seuls enfin, et je n'avais plus aucun danger à redouter.

19 octobre 1853

Des courriers arrivent tous les jours de Vienne à cheval. Quand je les vois surgir, au bout de notre allée, j'ai un pincement au cœur : je sais que François-Joseph va s'enfermer pour lire les dépêches, puis dicter une réponse à son secrétaire. Je l'attends, je n'en peux plus d'attendre. Enfin, le cavalier repart avec la lettre.

Ouf ! Nous avons un moment de répit. Je fais irruption dans son bureau, il rit, et nous courons dehors. Mais je vois qu'il est encore tendu. Il se passe un long moment avant qu'il puisse à nouveau rire et m'aimer. Il a fini par me raconter :

– Nicolas Ier me presse toujours d'intervenir contre les Turcs qui lui ont déclaré la guerre. Si je l'écoute, je me mets à dos la France et l'Angleterre qui soutiennent les Turcs. C'est impossible ! Je le lui ai dit, mais il ne veut rien savoir. Figure-toi qu'il est venu me voir à Olmütz en septembre. Je l'ai reçu avec tous les honneurs. J'ai fait défiler mes troupes, il a eu droit aux coups de canon, aux salves d'artillerie, aux trompettes. Il fallait bien lui montrer ma force ! J'ai aussi donné en son honneur un dîner de mille couverts. Mais à la fin, je lui ai dit non, je ne bougerai pas pour ses intérêts.

Puis il a soupiré :

– Pourtant Nicolas Ier m'a aidé à mater les Hongrois. Sans lui, j'étais perdu, obligé d'accepter leur constitution stupide, qui bafouait notre autorité.

J'ai sursauté : mater les Hongrois ! En un éclair, j'ai entendu le comte Majtilà : « Notre gouvernement est tombé. Nos dirigeants ont été pendus, nos journaux interdits. Que reste-t-il maintenant de notre rêve de souveraineté nationale ? » Alors, cette répression affreuse était l'œuvre de mon François-Joseph ? Je ne comprenais plus rien.

Mais lui m'a serrée dans ses bras.

– J'ai hâte que tu sois à Vienne avec moi. Tu

m'aideras à recevoir les chefs d'État. Ils seront éblouis par ta beauté. Tu seras l'amie de la tsarine…

Moi ? Devenir l'amie de la tsarine ? Mais qu'est-ce que je pourrai bien lui raconter ? François-Joseph, que t'imagines-tu sur moi ?

20 octobre 1853

J'ai réfléchi : François-Joseph ne sait pas ce qui s'est passé réellement en Hongrie. On lui a caché la répression terrible, le sang qui a coulé. Il a été abusé par ses généraux. Je dirai au comte Majtilà de venir lui expliquer. Il viendra à Vienne. Sûrement, on l'écoutera.

22 octobre 1853

Il est reparti à Vienne. Mon cœur est reparti à Vienne. L'univers est reparti à Vienne. Où est Sissi ? À Vienne avec lui ? À Possi ? Je flotte, je ne sais plus où j'en suis… François-Joseph, je meurs de ne plus te voir…

23 octobre 1853

Pour lui, j'apprendrai les langues étrangères. Pour lui, je danserai les danses de Vienne. Pour lui, je mettrai des robes énormes qui m'étranglent la taille et m'empêchent de marcher.

Et quand je serai devenue ce monstre qu'on appelle une impératrice, reconnaîtra-t-il la petite Sissi qu'il a aimée à Bad Ischl ?

30 octobre 1853

Ce matin, je me suis levée dès l'aurore, je suis descendue à la bibliothèque, j'avais besoin d'être seule. Je voulais copier des poèmes de Heine pour les envoyer à François-Joseph. J'ai rencontré Poussin, déjà absorbé dans des livres de sciences. Il m'a regardée plonger ma plume dans l'encrier puis tracer mes lettres, avec amour.

Voilà tout ce que ça lui a inspiré :

— Pourquoi ne lui télégraphies-tu pas tes messages, au lieu de perdre du temps à écrire sur du papier ?

J'ai poussé un cri d'indignation :

— Perdre du temps quand j'écris à François-Joseph ? Est-ce que je pourrais dicter à un employé des postes les poèmes qui font vibrer mon cœur ? Est-ce qu'il portera contre lui la feuille que sa bien-aimée a touchée ?

Poussin, décidément obtus, a haussé les épaules.

— Avec tes idées romantiques, tu obliges un pauvre homme à galoper jour et nuit, qu'il vente ou qu'il neige, pour porter ta précieuse missive. Tu ressembles à Nannerl qui refuse d'abandonner le lavoir !

Je n'ai même pas répondu. Poussin ne comprend rien à l'amour.

5 novembre 1853

Résumons, j'ai cinq professeurs : un d'anglais, un de français, un d'italien, un de danse et un de conversation. Je ne compte pas M. Majtilà, qui n'est pas un professeur mais un ami. J'ai huit couturières. Il paraît d'ailleurs que leur nombre va augmenter. Et voilà maintenant qu'on m'ajoute TROIS peintres pour faire mon portrait. Au secours ! Demain, je passe la journée sur mon île.

10 novembre 1853

Aujourd'hui, nous sommes allés en famille à une noce au château voisin. J'y ai retrouvé Irène, Hildegarde et Aldegonde. Les villageois sont venus danser devant nous les danses traditionnelles bavaroises, la Kronentanz et la Glockenplattler, en faisant serpenter des guirlandes de sapin au-dessus de leurs têtes. Papa, en culotte de cuir et chapeau tyrolien, a improvisé sur sa cithare un poème en l'honneur des mariés, à la joie générale. Puis, la nuit est tombée, il était temps de rentrer. Et au moment de monter dans notre voiture, Mimi s'écrie :

– Mon Dieu, où est Mapperl ?

Affolement, panique… Nous envoyons tous les serviteurs le chercher dans la nuit noire. Personne ne l'avait vu. Puis une tante de la mariée s'aperçoit que ses garçons ont également disparu. Chacune compte ses enfants… Il fallait bien se rendre à l'évidence : tous les petits garnements avaient quitté la fête. Mimi, rassurée, a émis l'hypothèse qu'ils préparaient une farce. Elle ne croyait pas si bien dire : ils sont apparus en même temps… en lâchant parmi les invités des crapauds qu'ils avaient ramassés dans les champs. Ils se sont bien fait gronder, mais papa a trouvé cette surprise très drôle.

17 novembre 1853
Jour de la sainte Élisabeth. Un courrier est arrivé de Vienne, il m'a tendu un paquet : le cadeau de François-Joseph ! je l'ai ouvert, le cœur battant… Il contenait une broche comme un bouquet de fleurs éclatant de mille feux : chaque feuille, chaque pétale était un diamant. Qui a jamais porté pareil bijou ? Même au bal de Bad Ischl, je n'ai rien vu d'aussi somptueux. Toute la famille s'est approchée, a poussé des cris. Moineau a voulu l'essayer, je l'ai accroché sur sa robe, mais il était si lourd qu'il a déchiré le tissu. Poussin s'est exclamé :
— Toi, tu commences à nous impressionner !
Comme je n'avais envie d'impressionner personne, je l'ai rangé dans ma chambre avant de m'absorber dans la lecture de la lettre qui l'accompagnait, mille fois plus étincelante et précieuse qu'un palais de diamants. J'ai décidé de partir en barque sur mon île et d'écrire à François-Joseph dans les branches de mon chêne. En ce moment, il fait vraiment trop froid pour y aller à la nage.

28 novembre 1853
Le froid est là pour de bon. Les jardins se dénudent, éclairés ici ou là par les dernières étoiles dorées des

millepertuis. Dans les bois, le silence s'est fait. Seuls quelques vols de vanneaux s'abattent en tournoyant sur les labours. J'aime le lac couvert de feuilles mortes, les forêts rougeoyantes des Alpes… et je sais qu'ils annoncent notre prochain retour à Munich. Je me rappelle un seul hiver où nous sommes restés à Possi : en 1848. Depuis Paris, la révolution se propageait comme une traînée de poudre. Des émeutes avaient éclaté partout, les barricades barraient les rues, les voyages n'étaient pas sûrs. Papa a jugé qu'il était plus prudent de rester à la campagne, alors nous avons passé Noël ici, tranquillement entre nous. À présent, le calme est revenu dans les villes. Bientôt s'ouvrira la saison des fêtes et des bals à Munich. Non, je n'aime pas la ville. Si ! je l'aime parce que François-Joseph y sera !

1er décembre 1853

Départ de Possenhofen. À nouveau se sont ébranlées les cinq berlines familiales. Mimi m'a proposé :

– Si tu veux, conduis encore un attelage. À Vienne, il n'est pas sûr qu'on te laissera t'asseoir à côté du cocher.

J'ai sauté toute contente sur le siège, et j'ai fait claquer mon fouet. Le soleil matinal illuminait les forêts flamboyantes de l'automne. Je me réjouissais de parcourir une fois encore la campagne bavaroise, si belle en ce moment, avec ses couleurs de pourpre et d'or. Le vent commençait à souffler assez fort, aussi ne nous sommes-nous pas attardés pour le déjeuner. Il a seulement fallu s'arrêter plusieurs fois parce que Mapperl avait emporté dans un seau sa collection de crapauds. Il n'a pas manqué de le renverser dans la voiture, au grand effroi de Moineau. Nous avons même dû chercher un ruisseau pour le remplir, sinon nous aurions eu la mort des crapauds sur la conscience.

J'espère que Mapperl apportera ses crapauds à mon mariage, pour détendre l'atmosphère.

5 décembre 1853
Nous voilà de nouveau à Munich. Toute la ville prépare Noël dans les chants, les décorations de sapin. Des odeurs de cannelle et de clous de girofle s'échappent des cuisines, où l'on cuit les gâteaux traditionnels. Et papa a repris ses divertissements extravagants. Le voilà maintenant qui se déguise en roi Arthur, au milieu d'un cercle de chevaliers. Leur jeu préféré : improviser des poèmes sur une rime donnée. Je le sais parce que les petits ont trouvé un trou dans le plafond de ses appartements personnels, par où ils espionnent ce qui se passe. Leur secrétaire est Mapperl qui vient me faire des comptes rendus. Il paraît que la dernière fois, chacun y est allé de son couplet, avec une panthère qui rimait avec beau-père... J'y ai vu une allusion directe à mon mariage. Papa n'est qu'un moqueur. Cette dérision perpétuelle me laisse bien

seule, avec mes angoisses. Mon Dieu, qu'est-ce qui m'attend à Vienne ?

8 *décembre* 1853

Mimi devine tout : ce matin, au petit déjeuner, elle m'a dit :

— Sissi, viens me rejoindre tout à l'heure dans mon boudoir blanc, je voudrais te parler.

J'ai donc répondu à sa convocation, et je me suis assise contre le gros poêle de faïence, sur la bergère de velours vert, qui est ma place préférée, chez elle, depuis que je suis petite.

Elle a commencé d'une voix douce :

— Je vois bien que tu es nerveuse et inquiète en ce moment.

J'ai rougi.

— Je... c'est mon départ... bientôt.

Et puis je me suis mise à sangloter sur son épaule. À ce moment-là, j'avais envie d'être à nouveau un bébé, pas du tout une impératrice. Je bafouillais :

— Et puis, ce mariage... Tu te rends compte, les fêtes vont durer trois jours ! Les journaux vont en parler, il y aura des chefs d'État, des milliers des gens que je ne connais pas... La soirée à l'Opéra, j'ai trouvé cela odieux, même si François-Joseph était à côté de moi. Alors, trois jours comme ça... je suis sûre que j'aurai envie de pleurer tout le temps...

Mimi a soupiré :

— Je comprends bien. Tu as un caractère si indépendant et nous ne t'avons pas du tout élevée en pensant à ce rôle qui t'attendait... Pas du tout... Même moi, j'ai du mal à t'imaginer, si loin, dans cette ville étrangère, ce palais somptueux...

Elle a secoué la tête.

— Sans oublier que tu n'as que quinze ans ! Un âge bien tendre pour se marier !

Soudain, elle s'est levée.

— Je vais écrire à ma sœur Sophie. Je vais lui proposer d'organiser ce mariage à Possenhofen. Nous serons plus à l'aise dans une fête familiale à la campagne. Et je crois qu'il faut aussi retarder la date. Tu n'es pas prête, tu es encore une enfant.

Elle a baissé la voix :

— Je vais lui rappeler que tu as eu tes premières règles au mois d'avril, et depuis, elles ne sont pas revenues. Tu es à peine pubère.

J'ai gémi :

— Oh, Mimi, tu n'as quand même pas dit à tante Sophie la date de mes règles !

La réponse m'a achevée :

— Si ! Avant de choisir Néné pour son fils, elle m'avait demandé le carnet de ses règles, que je lui ai donné naturellement. Et je lui ai donné le tien, quand François-Joseph t'a élue comme fiancée.

J'étais effondrée : elle voulait tout contrôler, alors, celle-là, depuis son palais de Vienne : mes robes, mes dents, jusqu'à la date de mes règles ! J'étais livrée à son pouvoir jusqu'au plus intime.

Mimi a tâché de se justifier :

– Ne te fâche pas ! Avant tout, une femme doit donner une descendance à son mari. Cette loi vaut pour les riches comme pour les pauvres.

Je me suis sauvée, je ne voulais plus rien entendre. J'étais écœurée, volée, dépouillée de moi-même. Alors c'était cela, mon magnifique amour, pour la cour de Vienne : un ventre pour la descendance. À vomir !

10 décembre 1853

Première neige sur Munich. La maîtresse couturière m'a demandé quelle couleur je choisissais pour ma robe de mariée, et j'ai répondu « blanche » parce que je regardais les flocons tomber sur le jardin.

18 décembre 1853

Une lettre de François-Joseph est arrivée aujourd'hui. Il déborde d'amour, il parle de notre mariage qui sera « le jour le plus divin de sa vie », mais il ne dit ni où il se passera ni quand. Est-ce que tante Sophie l'a mis au courant de notre demande ?

19 décembre 1853, à midi

La réponse de tante Sophie est tombée, lapidaire : l'empereur d'Autriche ne célèbre pas son mariage dans un petit trou de province mais dans la capitale de son empire. Le reste ne devait pas être très aimable, car Mimi ne me l'a pas lu. Et elle n'a pas desserré les dents de la journée. Il faut que je mette la main sur cette lettre. Je vais charger Poussin de me la trouver.

19 décembre 1853, le soir

Poussin a dû ruser. Il a attendu que Mimi soit sortie en ville pour entrer dans ses appartements, et chercher la lettre de tante Sophie. Elle était dans le secrétaire de son deuxième salon bleu. Il me l'a apportée tout à l'heure.

Elle me reste en travers de la gorge : quel ton supérieur ! Insultant pour moi, pour mes parents, j'en aurais pleuré. Il était question de notre petite noblesse, de ma déplorable éducation « que j'avais commencé à corriger », espérait-elle. Elle parlait de ma tenue, toujours de mes dents : « François-Joseph m'a dit qu'elles étaient tout à fait blanches maintenant. Je suppose que tu lui as fait la leçon… »

Fallait-il oublier ces paroles ? Pardonner ? J'avais envie de me venger. La rage me paralysait… Et puis j'ai entendu des éclats de voix. Je suis descendue : au milieu de l'escalier d'honneur, papa lisait à voix haute une lettre à Mimi. En me voyant, il a fulminé :

– Le roi de Bavière me fait l'honneur de m'écrire. À moi, son cousin, il me fait des remontrances comme un écolier. On a parlé à la cour de mes réunions poétiques, elles n'ont pas plu. Je serais maintenant, paraît-il, un personnage officiel, le père d'une impératrice. Je dois me draper dans ma dignité et que sais-je encore ! Qu'en penses-tu, Sissi, ai-je le droit de recevoir mes amis comme je l'entends, ou dois-je me conformer aux règles poussiéreuses d'un autre temps ?

Ses yeux lançaient des éclairs.

– La cour de Vienne suit l'étiquette datant de Charles Quint. Grand bien lui en fasse ! Ici, c'est moi qui invente l'étiquette, selon mon inspiration.

Il s'est redressé de toute sa hauteur.

– Je suis le duc de Bavière et mon style de vie n'appartient qu'à moi.

Moi, moi, moi. Involontairement, je me suis rappelé le jugement de Poussin : « Papa est un égoïste. Il ne pense qu'à s'amuser. » Rien de plus vrai à ce moment-là.

Et, soudain, il a fait volte-face :

– Viens, Sissi, je vais te montrer quelque chose.

Nous avons descendu la volée d'escalier et il m'a emmenée dans ses appartements privés, où d'habitude nous n'avons pas le droit d'entrer. J'ai traversé ses deux antichambres, son immense bibliothèque et je suis entrée dans son cabinet de travail. Là, il a ouvert un coffre de bois précieux, il s'en est échappé un tissu, comme je n'en avais jamais vu, une mousseline extraordinaire, brodée de feuilles et d'étoiles, toute frangée d'or. Le long de la lisière courait une inscription, en caractères arabes.

Papa me l'a traduite, en la suivant du doigt :

– *Oh ! Quel beau rêve !* Un sultan m'a offert cette étoffe lors de mon dernier voyage en Orient. Je me suis promis d'en faire faire une robe pour la première de mes filles qui se mariera.

Il m'a prise par les épaules.

— C'est toi, Sissi, qui t'en vas, la première. Et pour ta cérémonie d'adieu, je donnerai un bal magnifique, dont tu seras la reine, vêtue d'une robe unique…

Je l'ai laissé dire, j'ai balbutié quelques remerciements puis je suis partie. Pauvre papa ! Il veut se servir de moi pour jeter de la poudre aux yeux et affirmer sa prééminence sur son cousin. Il m'aime comme un reflet de lui-même, à la façon de tante Sophie, qui voit déjà en moi le symbole étincelant de la monarchie autrichienne…

20 décembre 1853

Je l'ai guetté à la fenêtre jusqu'à minuit, je ne voulais pas me coucher. Et j'ai entendu au loin le galop des chevaux, j'ai couru à sa rencontre, j'ai sauté dans son carrosse, je me suis blottie dans ses bras, enfin ! François-Joseph, maintenant, tu es là ! Joie ! Bonheur ! Lumière ! François-Joseph, je me marierai avec toi quand tu voudras, où tu voudras. Il enfouit son visage dans mes cheveux, il murmure :

— Plus que trois mois, avant que nous ne vivions l'un pour l'autre, jour et nuit, nuit et jour…

François-Joseph, j'étais folle d'écouter maman qui voulait retarder ce mariage…

21 décembre 1863

Néné, assise au piano, nous a fait répéter *Mon Beau Sapin* et *Douce Nuit*, que nous chanterons à la veillée de Noël. François-Joseph est venu chanter avec nous. Il m'a confié :

— Je suis si heureux, au milieu de vous. Mère n'a pas apprécié que je ne passe pas Noël en famille cette année mais tant pis ! Trois mois sans toi, non, je ne pouvais pas.

Et il a ajouté, rêveur :

— C'est la deuxième fois que je lui désobéis. La première fois, c'est quand je t'ai choisie à la place de ta sœur.

Il était touchant, mon François-Joseph, dans son bel uniforme de maréchal, tout fier de m'annoncer, à vingt-trois ans, qu'il avait pris le risque de mécontenter sa maman, lui qui commandait des armées et traitait avec le tsar de toutes les Russies.

Puis il m'a raconté :

— Notre palais est en grands travaux. Mère fait préparer tes appartements à la Hofburg. Ta chambre est blanc et or, avec des rideaux brodés de l'aigle à deux têtes des Habsbourg. Elle a commandé pour toi une vaisselle en or massif.

Je me moquais bien de la vaisselle en or massif. Une seule chose m'importait :

— Alors nous ne dormirons pas dans la même chambre ?

Il a pris l'air étonné :

— Non, seuls les couples bourgeois partagent la chambre conjugale.

— Les couples bourgeois ET l'empereur et l'impératrice.

Il m'a embrassée.

— Toi, tu changes en une minute des habitudes vieilles de cinq siècles. Mais nous ferons comme tu voudras.

Puis il a ajouté :

— Tu sais, moi, j'ai beau avoir un palais somptueux, je vis comme un soldat : je me lève à trois heures et demie du matin, je me mets en prière, et après un petit déjeuner frugal, je travaille jusqu'à midi... en regardant ton portrait, puis je donne des audiences...

J'ai demandé :

— Et moi, quelle sera ma place dans cette journée surchargée ?

Il m'a embrassée encore :

— Toi, tu es le soleil de ma vie.

C'était gentil, plein d'amour... mais cela ne me répondait pas. Que peut faire l'impératrice, pendant que l'empereur travaille à son bureau ? L'empereur n'en sait rien. Cette question ne le concerne pas.

26 décembre 1853

La grande joie de Noël, les chants, la messe de minuit, les huit sapins plantés devant la cheminée pour chaque enfant de la famille, plus un pour François-Joseph, les cadeaux échangés...

Tante Sophie m'a donné un chapelet en amé-
thyste, mais je préfère prier avec mon chapelet de
bois orné de la médaille de saint Étienne. J'ai aussi
reçu de sa part la résidence de Bad Ischl, où elle a
fait ajouter une aile pour qu'elle soit en forme de E,
comme Élisabeth. Je n'aurais jamais pensé à ce cadeau
incroyable.

Et François-Joseph m'a aussi offert son portrait
à cheval et… un perroquet pour ma volière ! Il est
superbe, rose et vert avec une aigrette orange. Il répète
tout comme un imbécile, il est tordant. François-
Joseph était enchanté de sa trouvaille.

– J'ai choisi le plus beau parleur dans notre zoo de
Schönbrunn.

J'ai pouffé :

– La prochaine fois, apporte-moi la panthère !

En attendant, nous l'avons appelé Hector, et nous
l'avons installé dans la volière, à côté de Thémis et
de Coré. J'ai commencé à lui apprendre *Mon Beau
Sapin*.

28 décembre 1853

Aujourd'hui, j'ai annoncé à François-Joseph :

– Je vais écrire à tante Sophie pour la remercier
de ses cadeaux.

J'avais décidé de montrer de la bonne volonté, et
d'oublier la lettre désagréable.

Et voilà ce qu'il m'a répondu :

– Tu ne dois plus lui dire « tu » mais « vous ».

Même moi, qui suis son fils, je la vouvoie. Et tu ne dois plus l'appeler « tante Sophie » mais « très chère et très honorée archiduchesse ».

Je l'ai regardé avec des yeux ronds.

— Très... quoi ?

— Très chère et très honorée archiduchesse, a-t-il répété calmement.

Alors là, j'ai explosé :

— Mais enfin, c'est ma tante, la propre sœur de Mimi ! Pourquoi n'a-t-on pas le droit de se parler comme tout le monde ?

— Nous sommes au-dessus du monde, m'a-t-il répondu.

Je ne comprenais vraiment plus rien. Tout d'un coup, il avait l'air coulé dans du plomb, comme les petits soldats de Mapperl. Pire : il exigeait que je devienne moi aussi une statue comme lui.

Heureusement, Moineau est venu le tirer par la manche pour l'inviter à jouer à cache-cache. La seconde d'après, il courait dans le jardin en se cachant derrière les buissons. Il était redevenu mon François-Joseph adoré, mon fou, mon amoureux qui me pousse sur la balançoire.

Mais à Vienne, il n'y aura pas de balançoire, ni de petite sœur pour jouer à cache-cache. Est-ce qu'il passera sa vie coulé dans du plomb ?

« Très chère et très honorée archiduchesse... » Ce serait à mourir de rire... si ce n'était à pleurer.

3 janvier 1854

François-Joseph est reparti. Étoiles radieuses de ses lettres dans la nuit de ma mélancolie…

10 février 1854

Je n'ai pas écrit depuis longtemps. Seules deux rencontres inoubliables émergent, dans la grisaille de ma vie : celle de Shakespeare, dont j'ai bu chaque mot, au grand théâtre de Munich. Et maintenant, je n'ai plus besoin de Néné ni de Musaraigne pour étudier l'anglais plusieurs heures par jour.

L'autre, c'est celle de la petite couturière qui travaille à ma robe de mariée. Elle s'appelle Martha, et elle a treize ans. Je suis tombée un soir sur elle, c'est exactement le mot, elle a failli me faire tomber, parce qu'elle se tenait à quatre pattes au milieu du couloir. Quand je lui ai demandé ce qu'elle faisait là, elle s'est mise à pleurer.

— Je cherche mon aiguille, mademoiselle. La maîtresse qui nous dirige a dit qu'elle me renverrait si je ne la retrouvais pas. Et si je suis renvoyée, que vais-je devenir ? Moi qui étais si fière d'être engagée pour broder la robe de la future impératrice !

Je me suis accroupie à côté d'elle et nous avons scruté chaque latte du plancher. Nous avons trouvé trois billes de Mapperl, un pion de dames, un lacet de chaussure, mais pas la moindre aiguille. Alors, je l'ai emmenée dans ma chambre et j'ai sorti ma boîte à ouvrage.

— Prends cinq aiguilles. Tu en auras en réserve, moi, je ne m'en sers jamais.

Éperdue de reconnaissance, elle les a piquées dans son corsage. Elle m'a raconté :

— Je gagne un florin par jour en travaillant douze heures, maman a le double, pour une journée de laveuse, et papa, qui est maçon, en a trois, ce qui fait six pour toute la famille. Avec cela, nous avons du pain, tout juste. Il ne faut pas que l'un de nous manque.

Avant de partir, elle a murmuré :

— Sur votre robe, je brode la guirlande du bas. J'ajouterai un pétale à la quatrième fleur. Le jour de votre mariage, vous la regarderez et vous prierez pour que je trouve un mari, moi aussi.

Je l'ai aimée tout de suite, ma petite Martha, avec ses rêves de mari. Demain, je trouverai un prétexte pour aller la voir à la lingerie.

5 mars 1854

Je suis entrée dans un monde de fous. J'ai participé à une cérémonie de fous. Je ne sais pas si je vais réussir à la raconter, tellement elle m'a paru absurde.

J'essaie.

La journée commence par trois heures d'habillage et de coiffure. Comme il n'y a pas assez de place dans ma petite chambre de jeune fille pour ce genre de séances, elles ont lieu désormais dans le boudoir bleu de Mimi. Mais je les supporte beaucoup mieux, depuis que je peux bavarder avec Martha.

Ainsi parée, je traverse le salon blanc, le salon de jeu et le salon de musique, puis j'entre dans la grande galerie que papa a fait décorer de scènes mythologiques. Toute la famille m'y attendait avec une foule nombreuse de juristes, de prêtres, et de médecins. Pourquoi des médecins ?

Arrive ensuite un petit bossu avec des bajoues, entièrement vêtu de noir. Il commence d'une voix chevrotante la lecture de mon contrat de mariage : à vrai dire, je n'écoutais pas beaucoup : perdue dans mes rêves, je regardais sur le mur les fresques racontant les aventures d'Amour et de Psyché.

Et un chiffre me fait sursauter : cent mille florins. C'était la somme que François-Joseph m'attribuait chaque année pour mes « toilettes, aumônes et menus plaisirs ». Et papa ajoutait cinquante mille florins « par amour et affection paternelle ».

Cent cinquante mille florins, qui tombaient dans ma bourse, comme la pluie sur la terre, pour rien, pour moi, pour m'amuser ! Et intérieurement, j'entendais Martha : « je gagne un florin par jour en travaillant douze heures, maman, deux et papa, trois. Avec cela nous avons du pain, tout juste ».

La suite m'a fait dresser les cheveux sur la tête.

L'empereur d'Autriche, mon fiancé, m'attribuait douze mille ducats, dûment comptés par le ministère des Finances, qui me seraient remis dans un coffre le matin de ma nuit de noces… comme prix de ma virginité selon l'antique coutume germanique !

Horreur ! Abomination ! Ma nuit de noces évoquée devant cent personnes ! Ma nuit de noces payée par un bureau des services de l'État ! J'ai cru m'évanouir... François-Joseph, mon bien-aimé, pourquoi m'infligeais-tu de tels outrages ? Est-ce que je réussirais seulement à t'en parler ?

Le supplice n'était pas fini :

Le petit bossu a ouvert un autre livre, et de sa voix de chèvre, il s'est mis à énumérer les pièces de mon trousseau, sans en excepter une seule, en y ajoutant chaque fois le prix. Tout le monde a donc eu le plaisir d'apprendre la liste de mes dessous : les chemises de nuit, de jour, les corsets, les pantalons qu'on met sous ses jupes... tout y est passé. Je n'en pouvais plus, je me sentais déshabillée, livrée au peuple comme une prostituée sacrée. Ensuite, il a fallu que je signe, puis j'ai entendu des discours interminables... et enfin j'ai pu me sauver dans ma chambre, me jeter sur mon lit, pleurer pour cette honte affreuse. Nannerl est entrée tout doucement, elle s'est assise à côté de moi.

— Ma pauvre petite demoiselle, faut pas vous mettre dans des états pareils ! Pour toutes ces belles choses qu'on vous donne ! Votre fiancé, il croit qu'il vous fait plaisir, en vous gâtant comme ça.

Je pleurais toujours.

— Mon fiancé, j'aimerais mieux qu'il soit tailleur !

Nannerl secouait la tête.

— Non, vous pourriez pas travailler comme une

femme de tailleur, depuis le matin jusqu'au coucher du soleil. Vous avez pas été habituée au travail…

Sa voix me calmait peu à peu… j'ai fini par m'endormir. J'ai rêvé d'Adam et d'Ève se promenant tout nus dans le paradis terrestre.

10 mars 1854
J'étais à cheval avec Poussin. Soudain, des hurlements stridents m'ont glacé le sang dans les veines. Il y avait un attroupement au bout de la rue. J'ai demandé :

— Que se passe-t-il ?

Il a éperonné son cheval.

— Viens, on va rentrer par un autre chemin.

Je voulais savoir : je suis partie droit devant moi en fendant la foule. Ce que j'ai vu m'a clouée sur place : des soldats traînaient une femme gémissante. L'un d'eux lui a violemment arraché ses vêtements et a commencé à la cingler de coups de fouet qu'il comptait solennellement. Je me suis mise à trembler, j'ai demandé à un passant :

— Qu'a-t-elle donc fait ?

— S'est mal conduit ! m'a répondu l'homme laconiquement.

J'allais me jeter sur le bourreau, lui arracher le fouet des mains, mais quelqu'un a pris les rênes de mon cheval : Poussin. Il a hurlé :

— Tu n'y peux rien ! Viens maintenant ! tu as compris ?

Il a tiré mon cheval. Je tremblais tellement que je me suis laissé faire, nous sommes rentrés à la maison, je répétais :

— C'est atroce ! Odieux !

— Pourquoi as-tu voulu regarder ? m'a demandé Poussin. Moi non plus, je ne supporte pas, alors je m'en vais…

— Lâche ! lui ai-je rétorqué.

Poussin a été piqué au vif :

— Eh bien, change les lois et la justice ! Qu'attends-tu ?

Je lui ai tourné le dos. Le comte Majtilà m'attendait pour me donner ma leçon. Je n'ai pas pu faire autre chose que lui raconter cette scène abominable. Il a soupiré :

— Le fouet est couramment utilisé dans l'armée et les collèges. Cette peine servirait prétendument à calmer les rebelles. En vérité, elle prépare toutes les révolutions. Ainsi, un enfant qu'on frappe accumule pour sa vie entière une haine inexpiable.

Et soudain, il a donné un coup de poing sur la table.

— Et pourtant, la reine Marie-Thérèse, l'arrière-grand-mère de votre fiancé, avait aboli la torture. Qu'est-ce que le fouet, sinon une torture, le droit honteux que se donne un être humain sur le corps d'un autre ?

Une très longue et passionnante discussion sur la liberté, les droits de l'humanité s'est engagée. Il faut que j'en parle à François-Joseph, oui, il le faut.

14 mars 1854

Il a ouvert devant moi un écrin de velours. Il en a sorti un diadème de pierres précieuses, il l'a posé sur ma tête, il a mis autour de mon cou une rivière de diamants. Il m'a dit :

— Je t'apporte les parures de ton mariage. Ma mère te les donne, elle les avait portées elle-même le jour de ses propres noces.

François-Joseph, tu voulais faire de moi une idole à révérer, mais j'avais autre chose à te demander :

— Abolis la peine du fouet. C'est une torture abominable, indigne de ton empire.

Il ne s'y attendait vraiment pas. Il a bafouillé :

— Pourquoi me dis-tu cela ?

J'ai raconté la femme traînée, les hurlements. Il a ouvert de grands yeux. Lui-même, au sommet de l'État, n'avait jamais assisté à une scène de ce genre. J'ai découvert qu'il gouvernait depuis son bureau, ou son carrosse, sans jamais se plonger dans la dure réalité. Il n'avait jamais traversé une rue à pied, il ne s'était jamais assis à la terrasse d'un café. Il planait haut, très haut, dans la sphère des grands de ce monde.

— François-Joseph, abolis la peine du fouet !

Il était embarrassé, il ne savait que répondre. Il soupirait :

— Enfin, oui, peu à peu, il faut prendre le temps de changer les esprits… et puis je dois consulter ma mère.

J'ai enlevé la couronne de ma tête, j'ai retiré le collier. Et j'ai dit nettement :

— Si tu n'abolis pas la peine du fouet, je ne veux pas de cela.

C'était vrai : j'étais prête à renoncer à son empire, à son amour même, s'il continuait de cautionner cette barbarie sans nom.

Alors il m'a prise dans ses bras.

— Ma petite impératrice peut me demander tout ce qu'elle veut.

J'avais gagné.

16 mars 1854

Derniers moments de bonheur avant son départ. Derniers instants pour nous deux seuls avant la pompe officielle des cérémonies. Il est là, je n'ai peur de rien.

10 avril 1854

Nous avons passé quelques jours à Possi. J'ai parcouru lentement le cadre chéri de mon enfance et j'ai écrit un poème.

Adieu pièces silencieuses
Adieu vieux château
Et vous, premiers rêves d'amour,
Reposez en paix au fond du lac
Adieu arbres chauves
Et vous, buissons et fourrés

Quand vous commencerez à reverdir,
Je serai loin d'ici.

Puis j'ai cherché, dans la bibliothèque de papa, le livre de Heine que j'emporterai à Vienne.

15 avril 1854
Les vingt-cinq malles de mon trousseau sont parties à Vienne avant moi. Nannerl, qui me rapporte tous les ragots de la ville, m'a dit qu'il va paraître bien pauvre à la haute aristocratie autrichienne, qui est habituée à un luxe mille fois supérieur. Tant pis ! Qu'ils disent ce qu'ils voudront ! Elle m'a raconté aussi que des indiscrétions ont dévoilé que ma robe de mariée serait blanche. Désormais, toutes les jeunes filles veulent se marier en blanc. J'ai lancé une mode, paraît-il. Et cela m'est aussi égal. J'ai déjà décidé que je donnerai ma robe à l'Église le lendemain de mes noces, pour en faire une chasuble de prêtre. Ainsi une partie de moi restera toujours en prière pendant que je régnerai sur le trône d'Autriche.

19 avril 1854
Je pars demain pour Vienne. J'ai fait mes adieux à toute la maisonnée. J'ai serré la main de Nannerl, mon amie de toujours et celle de Barthélémy. J'ai serré la main de la baronne Wulffen que j'ai tant fait souffrir avec ma dissipation. J'ai serré la main de ma petite Martha, si fière de broder ma robe et celle de

Mlle Rodi qui avait annoncé ma demande en mariage à Mimi. Enfin, j'ai serré la main du comte Majtilà, pour qui je porte tout l'espoir de son pays. J'ai offert un cadeau à chacun. Je sais que je ne les reverrai plus avant longtemps. Je sais qu'ils ne m'accompagneront pas. Tante Sophie, la très chère et très honorée archiduchesse, a donné des ordres exprès pour cela : je ne dois amener avec moi ni homme ni femme de mon pays. Une page de ma vie se tourne.

20 avril 1854

Nous voguons le long du Danube sur un bateau couvert de fleurs. Partout sur les berges, des gens se rassemblent pour m'ovationner, ils brandissent des drapeaux.

– Souris ! Souris ! Agite ton mouchoir pour les remercier, me répète Mimi.

Je n'arrive pas à sourire, j'ai envie de me cacher pour échapper à cette foule dévorante. On dirait qu'elle sort de terre, des murs, des arbres, elle hurle :

– Vive Élisabeth !

Elle me lance des fleurs, des poèmes, comme des lassos autour de moi. À l'aide ! J'étouffe !

21 avril 1854

Le jour de mon mariage, je porterai sur moi une telle charge de bijoux que je pourrai à peine marcher. Je me tiendrai immobile durant des heures entières pour recevoir des hommages. Et si je ressens un besoin pressant ? « Très simple, m'a expliqué Mimi, pour éviter cet inconvénient, tu ne boiras pas, depuis la veille au soir. » Il est infiniment simple de mourir de soif…

22 avril 1854

Il était à l'étape de Linz, il a couru à ma rencontre, mon beau prince en uniforme, il a sauté sur la passerelle, il m'a serrée dans ses bras, il m'a dit :

— Je n'ai pas voulu attendre, j'ai tout laissé, mes dossiers, mes ambassadeurs, j'ai galopé à ta rencontre… Dans deux jours, nous serons mariés, tu seras toute à moi…

Il était là, et je n'avais plus peur de rien.

26 avril 1854

Qui suis-je ? Que suis-je devenue dans ce palais sinistre ? Une ombre ? Une momie couverte de diamants ?

Pour la première fois, je reprends la plume, depuis l'étape à Linz, où François-Joseph m'a accueillie sur le quai. Il me faut raconter toutes ces cérémonies, où je m'empêtrais sans cesse. Jamais je ne faisais ce qu'il fallait. J'accumulais les impairs, j'enchaînais les maladresses. Je me souviens d'un homme aux cheveux blancs, couvert de décorations, qui s'est incliné devant moi jusqu'à terre.

— Je présente à Votre Altesse Sérénissime l'expression de mon plus profond respect.

Je me suis retournée, n'ai vu que le mur et j'ai

soudain réalisé avec terreur que j'étais moi-même cette Altesse Sérénissime, à qui on devait le plus profond respect ! Il y a eu aussi cette dame, qui avait l'âge d'être ma grand-mère, et qui a plongé en me voyant dans une révérence qui n'en finissait plus. Je me demandais combien de temps elle allait tenir dans cette position invraisemblable lorsque François-Joseph m'a poussée du coude : la dame attendait en réalité que j'aie la bonté de bien vouloir la relever, ce que j'ai fait, en m'excusant... Mais là encore, il ne fallait surtout pas s'excuser ! Ensuite, j'ai accroché mon diadème en descendant de mon carrosse, ce qui représentait, paraît-il, une affaire d'État irréparable. Et plus tard, je me suis retrouvée au milieu d'un cercle de femmes étincelantes de parures. Personne ne disait rien, je me sentais paralysée par tous ces regards braqués sur moi dans un silence pesant. J'ai compris après qu'elles n'avaient pas le droit de me parler, si je ne leur avais pas la première adressé la parole ! Comment pouvais-je le savoir ?

Enfin, après tant de faux pas, je reconnais au milieu de la foule deux coiffures en pyramides de rubans : Aldegonde et Hildegarde, mes chères cousines ! Elles étaient venues comme elles me l'avaient promis ! Je me précipite pour les embrasser. Alors j'entends la voix glacée de ma belle-mère :

– L'impératrice d'Autriche ne se jette pas au cou de ses sujets. Elle leur donne sa main à baiser.

C'en était trop ! Je n'avais même pas le droit

d'exprimer mon affection à ma famille ! J'ai fondu en larmes et j'ai dû me retirer dans une pièce attenante. François-Joseph est venu me rejoindre. Il a tâché de me réconforter.

– Je vois bien que tu n'en peux plus. Essaie de tenir encore un peu, je vais voir si je peux décommander certaines festivités.

Je me suis appuyée sur son bras et j'ai dû replonger avec lui dans les fastes officiels pour des heures encore. Une seule flamme restait vivante en moi : l'amour que je lui avais promis à l'église et que je demande au Seigneur de faire durer pour l'éternité.

27 avril 1854

J'étais un automate, une marionnette condamnée à se déshabiller et se rhabiller sans cesse : il fallait mettre une robe roumaine pour recevoir la délégation roumaine venue me féliciter pour mon mariage, et ensuite, je mettais une robe tchèque pour recevoir les Tchèques. À côté de moi, François-Joseph me donnait le bras, en uniforme militaire tchèque, puis roumain, puis slovène, puis grec…

Et au milieu de ces corvées épuisantes, le grand chambellan vient nous annoncer une nouvelle visite : les hauts dignitaires hongrois. La Hongrie ! La patrie du comte Majtilà ! Mon cœur s'est mis à battre, j'ai entendu sa voix vibrante : « Mademoiselle, quand vous serez impératrice, n'oubliez pas la malheureuse Hongrie ! » Je pouvais commencer à exaucer son vœu, même loin de lui, même à son insu. Je suis partie dans ma chambre et j'ai trouvé une magnifique robe hongroise en velours rose avec un corsage noir et une garniture de dentelles.

— Cette robe est un cadeau de l'archiduchesse Sophie, m'ont dit les femmes de chambre en s'inclinant.

Je me suis laissée habiller avec un immense plaisir, je voulais que tous les détails soient parfaitement ajustés, que le corsage soit lacé le plus serré possible pour faire ressortir la jupe comme une immense corolle autour de moi. Pour finir, j'ai mis ma broche de diamants, mon beau bijou de la sainte Élisabeth. François-Joseph est venu me chercher, en Hongrois lui aussi. Il m'a donné le bras et j'ai senti la pression affectueuse de sa main. Au milieu des foules, nous ne pouvons communiquer qu'en nous serrant doucement la main. Et nous nous sommes dirigés vers la grande salle de réception, aux plafonds richement décorés, où notre trône nous attendait sur une estrade.

Les Hongrois sont arrivés. Grandes révérences, remise de cadeaux, formules solennelles :

— Nous sommes infiniment heureux de vous présenter l'humble hommage de notre peuple à l'occasion de votre mariage.

Et, à la stupéfaction générale, je leur réponds en hongrois, oh, pas grand-chose, quelques souhaits de bienvenue, mais j'ai vu leurs visages s'éclairer : ils ne s'y attendaient vraiment pas, et ils nous ont acclamés tous ensemble dans leur langue :

— Que Dieu accorde longue vie à Vos Majestés !

J'ai senti beaucoup plus qu'une phrase obligée : un immense espoir qui se portait vers moi.

Pendant le dîner qui a suivi, j'ai vu que ma belle-mère me foudroyait du regard. Visiblement, elle n'appréciait pas que j'aie pris une initiative. François-Joseph, lui, rayonnait.

— Tu les as conquis mieux qu'un ambassadeur.

La plus enthousiaste était Néné.

— Tu vois que j'avais raison de t'encourager à apprendre les langues !

Elle me parlait en anglais, notre code secret à Vienne. Néné avait raison : pour m'échapper de cette cour pesante, je n'ai qu'une issue : parler les langues qui lui sont inconnues.

30 avril 1854

Ma belle-mère omniprésente, ma belle-mère du matin au soir, ma belle-mère entre mon mari et moi : elle était là le soir de ma nuit de noces, elle a tenu à m'accompagner jusqu'à notre lit. Elle était là le lendemain matin, elle a exigé que je paraisse au petit déjeuner familial. Pourquoi ? Pour interroger son fils ? Pour essayer de deviner les événements en examinant ma physionomie ?

Et elle ne veut pas que nous sortions tous les deux le soir en amoureux, elle nous impose une escorte. Si je cours au-devant de mon mari quand il rentre de la chasse, je me fais durement réprimander sur mon manque de dignité. Une fois, j'ai quitté Laxenbourg où nous résidons en ce moment, je l'ai accompagné à son bureau à Vienne, et nous avons passé la journée ensemble. Le soir, nous nous sommes fait rappeler à l'ordre, et lui, l'empereur d'Autriche, le roi de Bohême, et roi de Jérusalem, il baissait la tête comme un écolier. Et elle m'impose de me promener dès le matin en grande tenue d'apparat. Me promener ? Ai-je le droit de me promener désormais ? Où que j'aille, je suis suivie de cinq dames d'honneur insipides, qui lui rapportent mes faits et gestes. La plus vieille s'appelle la comtesse Esterhazy. Elle a pour charge de me tenir au courant des usages de la cour. Il est en particulier vital que je connaisse sur le bout des doigts le degré de noblesse des deux cents personnes de mon entourage. Voilà donc à peu près sa conversation :

— Les Schwarzenberg sont parents des Arenberg par les Windischgrätz, qui descendent des rois de Prusse, les Neipperg ont été élevés au rang de ducs à la bataille de…

C'est cela ou autre chose, je n'écoute pas, je me bouche les oreilles. Et elle continue sa litanie, imperturbable :

— Certaines princesses ont le droit d'entrer dans vos appartements sans frapper, d'autres doivent attendre que vous les y invitiez…

J'ai fini par demander :

– Quelle importance ?

Elle a sursauté. Visiblement cette question la déroutait, comme si son monde s'écroulait comme un château de cartes. Et elle est partie… à reculons ! J'ai oublié de dire que, devant moi, les dames doivent marcher à reculons comme les écrevisses.

8 mai 1854

À la cour de Vienne, personne ne lit jamais un livre. De quoi se parlent les nobles dames en trempant leurs lèvres dans leur café délicatement saupoudré de chocolat ? Des faits et gestes des unes et des autres. À la cour de Vienne, on porte des gants pour se mettre à table. À la cour de Vienne, il n'y a ni toilettes ni eau courante. Si je ressens quelque besoin indispensable, je dois sonner une servante qui arrive avec un seau. Je m'exécute derrière un paravent et elle remporte l'ustensile par une porte invisible dans la tenture. Par ces mêmes portes, ces femmes nous enlèvent les restes de nos repas, notre linge sale. Derrière les cloisons, elles remplissent de bois les énormes poêles de faïence qui chauffent les pièces. Une fois, l'une d'elle m'a rappelé Martha, avec sa mine effarouchée. J'ai essayé d'engager la conversation :

– Il fait bien frais pour un mois de mai, vous ne trouvez pas ?

Elle s'est enfuie épouvantée. J'en ai conclu que j'étais un monstre qui n'avait plus aucun rapport avec l'humanité ordinaire.

10 mai 1854

Je crois que je commence à comprendre François-Joseph : Dieu l'a choisi de toute éternité pour diriger l'Empire autrichien. Il en est sûr et certain, sa mère le lui répète depuis sa plus tendre enfance. La monarchie absolue est le dépôt sacré qu'il a reçu de ses ancêtres. Qu'il partage la moindre bribe de ce pouvoir avec quiconque et il commet une grave faute vis-à-vis de lui-même. Et toutes ces règles de vie qui me paraissent absurdes servent à nous mettre sur un piédestal inaccessible. Donc, si je me trompe, si j'appelle duchesse une baronne ou le contraire, je crée une brèche dans l'édifice de la monarchie, par où va s'engouffrer le souffle empoisonné de la révolution.

J'admire mon mari d'avoir des idées aussi arrêtées sur sa vocation, à vingt-trois ans. Mais pourquoi m'a-t-il choisie, pour vivre avec lui cette vie paralysée de statue, moi, qui suis le vent, l'oiseau, la liberté ?

Et pourtant je l'adore, mon François-Joseph, raide comme la Justice, même s'il traite mes rêves de « grimpettes dans les nuages », et même s'il croit résoudre toutes mes difficultés en m'offrant des bijoux…

13 mai 1854

Je n'en peux plus, je déteste ma belle-mère et ses vilaines comtesses, je déteste Vienne. Je n'aime que François-Joseph, mais je ne le vois jamais, il passe sa vie à son bureau, et le soir, au théâtre, quand nous sommes enfin ensemble dans notre loge, il tombe d'épuisement et il ronfle sur son fauteuil.

Je veux me réveiller dans ma chambre de Possi, voir les Alpes par la fenêtre et courir en chemise de nuit dehors. Je veux que Nannerl me coiffe en me racontant les bavardages du lavoir, je veux que Mapperl lâche ses crapauds dans ma chambre, je veux jouer à la poupée avec Moineau. Je veux entendre ma sœur jouer du piano, dans l'odeur de la choucroute qui monte des cuisines. Je veux Mimi, je veux revenir en Bavière.

20 mai 1854

De la Bavière, il ne me reste que mes perroquets, mes perruches et mes chiens. Tant pis pour la sacro-sainte étiquette ! J'apprends des airs bavarois à mes perroquets, je déjeune avec Schnapperl sur mes genoux, éventuellement en cherchant des puces dans ses poils. Puisqu'ils sont mes seuls amis ici…

23 mai 1854

Seul un poème aujourd'hui peut exprimer la tristesse de mon âme :
Que m'importe à moi le charme du printemps
Dans ce pays d'exil.
Je me languis de toi, soleil de mon pays,
De vous, rives de l'Isar.

28 mai 1854

François-Joseph voit bien mon désarroi. Aujourd'hui, il a soupiré :

— Pardonne-moi de te laisser quelquefois si seule. J'ai tant de soucis en ce moment avec cette guerre de Crimée ! Nicolas Ier me traite de lâche et de traître parce que je ne suis pas intervenu quand les Français et les Anglais l'ont attaqué. Dans un accès de rage, il aurait, paraît-il, donné mon buste à son valet de chambre. Lui, mon ami si proche, me hait maintenant de toute son âme.

Il a rêvé un moment.

— Écoute : nous allons bientôt visiter la Bohême et la Moravie pour les remercier de m'être restées fidèles, quand la révolution de 1848 embrasait toute l'Europe. Ce voyage va nous aérer, nous changer les idées, puisque la cour de Vienne te pèse tant.

J'ai murmuré :

— Partir avec toi, enfin !

— Oui, a repris François-Joseph, il y aura bien sûr encore des cérémonies officielles. Mais tu pourras aussi beaucoup m'aider en visitant les hôpitaux, les asiles, les orphelinats. Ainsi, tu montreras notre sollicitude envers le peuple.

Je ne sais pas pourquoi, ce rôle m'a plu, peut-être parce que la voix du comte Majtilà n'avait pas fini de retentir en moi : « Mademoiselle, soyez notre protectrice... »

Puis il m'a proposé :

– En attendant, si tu veux, invite ton frère Charles-Théodore à venir passer quelques jours avec nous.

Je lui ai écrit aussitôt. Tout est arrangé. Il arrive après-demain. Quel bonheur ! Je vais revoir Poussin !

1er juin 1854

Je décharge mon cœur avec Poussin. Enfin quelqu'un à qui me confier ! Je lui parle de tout, de ma vie réduite à porter une couronne sur ma tête pour montrer le pouvoir de mon mari, de mon mari qui n'arrive pas à résister à sa mère, de cette étiquette qui m'enserre comme les barreaux d'une cage. Poussin écoute sans fin. Il essaie de m'ouvrir des chemins :

– Dans toutes les situations, chacun peut conquérir sa liberté, pas à pas. Tu accueilles les Hongrois avec chaleur, première victoire. Tu refuses de changer de chaussures tous les jours, deuxième victoire. Tu écris des poésies, tu lis Heine malgré les obstacles : encore un degré vers l'indépendance.

En apprenant que j'allais bientôt partir en voyage, et que j'aurais à visiter les hôpitaux, il a eu une idée :

– Fais-toi ouvrir les portes, demande à tout visiter, même les prisons pour les fous, les salles d'opération, parle avec les gens, pose des questions, demande ce qu'on pourrait améliorer, et ensuite écris-moi pour me raconter. Plus tard, je veux redresser la situation sanitaire de mon pays, j'ai besoin de savoir ce qui se passe. Tu peux beaucoup m'aider…

Aider ! Je n'avais besoin que de cela pour revivre !
Je lui ai promis de lui adresser tous les soirs des
comptes rendus fidèles et nous nous sommes quittés
sur cette assurance.

7 juin 1854
J'ai pris le train ! Poussin avait raison, la vitesse est
incroyable. Nous sommes partis le matin de Vienne,
et le soir même nous étions en Bohême. Renversant !
Mais quelle fumée ! Quel tintamarre ! La locomotive,
baptisée *Proserpine*, avait beau être ornée de fleurs,
notre wagon avait beau être capitonné de satin blanc,
impossible de s'entendre ! Sur le quai, François-
Joseph, qui a toujours peur pour moi, m'a crié :
    – Attention à la marche !
Et j'ai répondu :
    – Oui, c'est admirable !
Ce quiproquo a produit un effet désopilant sur ma
deuxième dame d'honneur, Paula de Bellegarde, qui
ne se tenait plus de rire. Sur ces entrefaites, elle a reçu
une escarbille de charbon dans l'œil, ce qui a stoppé
net son hilarité. Je lui ai conseillé de ne surtout pas
se frotter – un vieux conseil de Nannerl dans ce cas-
là –, elle s'est mise à pleurer, et la poussière est partie
avec ses larmes.
    Elle m'en a été éperdument reconnaissante…
Peut-être que nous commençons à être amies, toutes
les deux. Nous n'arrêtions pas de nous montrer par la
fenêtre les détails du paysage, les petits villages aux

toits rouges, qui ressemblaient aux jeux de construction de Mapperl.

À l'arrivée, une fanfare nous attendait, suivie d'un dîner avec les hauts dignitaires de la ville. Demain, François-Joseph assistera à des revues militaires pendant que je visiterai un orphelinat puis un hôpital.

13 juin 1854

Maintenant, je crois que je maîtrise à peu près la visite d'orphelinat : la supérieure vient m'accueillir, avec ses assistantes. En me voyant, elles plongent toutes dans des révérences jusqu'à terre. J'ai compris que je ne devais surtout pas les imiter, sous peine de les perturber gravement. Tout le monde s'attend à ce que je réponde par un petit signe de tête hautain, et je n'ai garde de les décevoir. C'est seulement après ces préliminaires immuables que nous pouvons réellement entrer en contact : on me conduit dans des salles de classe, où des petites filles, alignées comme des poupées, me chantent une chanson ou exécutent une danse devant moi. Si je vois un martinet, je le jette dans le poêle allumé, parce que j'ai pour principe qu'on ne doit pas battre les enfants. Ensuite, je demande à voir le réfectoire. Je goûte la soupe. Si elle me paraît trop claire, j'exige qu'elle soit désormais garnie de deux fois plus de légumes et de viande, et j'annonce que j'enverrai des inspecteurs pour vérifier. À cet effet, je donne une gratification pécuniaire, en disant que je la renouvellerai. Puis, je vais rejoindre les enfants à la récréation, et avec elles, je peux enfin me détendre : je participe aux rondes, je joue à chat, je me fais attraper, les petites filles rient, on se fait des farces. Ensuite, la cloche sonne parce que l'étude va recommencer. Je reprends mes airs d'impératrice et je déclare qu'en l'honneur de ma visite, je lève toutes les punitions. Les enfants applaudissent, et me quittent avec mille signes d'amitié. Dernières révérences des maîtresses, et je me retrouve dans mon carrosse, où je peux pouffer à mon aise avec Paula, en lui mimant toutes leurs simagrées.

14 juin 1854

Je veux raconter tout de suite ma visite à l'asile d'aliénés pour bien me rappeler tous les détails, afin de les rapporter à Poussin.

Donc, l'équipe des médecins est venue m'accueillir. Après les salutations d'usage, on m'a montré la cour des femmes. Certaines tricotaient, d'autres restaient prostrées, le regard vide. Il m'a semblé qu'une infirmière tentait d'organiser des jeux dans un petit groupe. J'ai vu ensuite un réfectoire assez propre, puis un dortoir relativement bien tenu. Il était question ensuite de me raccompagner vers la sortie. Mais on ne se débarrasse pas si facilement de moi. J'ai demandé, de mon ton le plus impérial :

– Ai-je tout vu ?

Celui qui avait l'air d'être le médecin-chef a bafouillé :

— Il reste le bâtiment des furieux. Mais je ne sais pas si Votre Majesté pourra supporter…

J'ai ordonné :

— Conduisez-moi !

C'est parfaitement grotesque, mais un vieux médecin expérimenté et diplômé est obligé d'obéir, dans son propre hôpital, à une enfant de seize ans parce qu'elle porte une couronne sur la tête. J'ai maintenant décidé de profiter de cette absurdité. On m'a donc conduite, avec bien des réticences, dans une autre aile de l'établissement. Et j'ai vu… des horreurs : des malades couchés sur de la paille salie, comme des animaux dans une étable. Les infirmiers, ou gardes-chiourmes, comme on voudra, étaient armés de bâtons. Il y avait un vieux, immense et barbu, entièrement nu, qui se battait avec lui-même et arrachait les vêtements qu'on avait essayé de lui mettre quand je suis arrivée. Et un autre, en haillons, la figure dévorée de tics, s'est approché de moi pour m'inviter à danser. J'ai d'abord reculé, puis j'ai fait avec lui quelques pas de danse. D'autres encore qu'on avait enchaînés au mur, on ne savait même plus pourquoi. Et des carreaux cassés, des murs suintants d'humidité, et par-dessus tout cela, une odeur pestilentielle, qui imprégnait les vêtements, parce que dans cet enfer, on avait renoncé à tout nettoyage.

Alors je me suis approché des malades, je leur ai dit quelques mots, j'ai demandé qu'on retire les chaînes qui ne servaient à rien. Et comme à l'orphelinat, j'ai demandé à visiter la cuisine, qui était infecte. Puis j'ai donné des ordres : pour l'hygiène, pour l'entretien des locaux. J'ai exigé que les pièces soient balayées et lavées, j'ai donné de l'argent pour qu'on achète du linge, pour améliorer la nourriture. J'ai annoncé la visite régulière d'inspecteurs. Puis je suis partie, dignement, sans doute à leur grand soulagement.

Je suis revenue à notre hôtel, le cœur soulevé. Et maintenant il faut que je me dépêche de changer de tenue. François-Joseph me fait envoyer une calèche tout à l'heure, pour que nous assistions à une revue militaire. J'espère que cela ne va pas durer trop long-temps. Je n'ai aucune envie de soldats et de fanfares. Je n'ai qu'un seul désir : prendre un bain et me cou-cher. Mais personne n'a jamais vu de baignoire ici, et même s'il y en avait, on ne me demande jamais quelles sont mes envies.

15 juin 1854

J'ai pris froid pendant la revue, je n'arrête pas de tousser. Il faut dire qu'au moment le plus solennel, quand le général à la tête des troupes s'est arrêté devant nous pour nous rendre hommage, un orage s'est déchaîné sur nos têtes. Le général est resté impas-sible. François-Joseph, impavide, n'a pas cillé non plus, malgré les plumes de son shako qui ruisselaient sur son visage. Moi, j'étais encore plus mal lotie, avec mon décolleté et ma robe vaporeuse qui s'est mise à pendre lamentablement sur moi. Nous sommes des statues, les saisons et les orages n'ont pas de prise sur nous, il faut que je me persuade de cette idée.

En attendant, je n'ai pas pu assister au dîner de gala, le soir, tellement je me sentais mal.

20 juin 1854
J'ai dû rentrer à Vienne, avec Paula, en laissant François-Joseph continuer seul son voyage. Dans les premières heures de la matinée, j'ai eu des vertiges sans arrêt.

Comme j'allais mieux l'après-midi, Paula est venue me voir, avec une idée de génie : nous allions nous déguiser en bourgeoises toutes les deux, pour nous promener incognito dans les rues commerçantes de Vienne. Elle avait même déjà trouvé les costumes. Nous avons mis immédiatement son plan à exécution, au nez et à la barbe de ma belle-mère, et nous sommes sorties dans les rues, par une petite porte du palais. Ce que c'était drôle ! Personne ne nous reconnaissait. Nous sommes entrées dans les boutiques, nous avons essayé des chapeaux. Pour finir, nous nous sommes assises à la terrasse d'un café, et nous avons goûté à peu près tous les gâteaux, en regardant les passants.

J'ai changé d'avis sur les pâtisseries viennoises, elles sont incomparables, surtout le Strudel fourré d'amandes, de raisins secs et surmonté de crème fouettée. Un délice !

25 juin 1854

Je n'ai pas pu recommencer les expéditions en ville, parce que je n'en avais vraiment pas la force… Maintenant, mes vertiges se poursuivent même en début d'après-midi et me forcent à me recoucher. Je ne peux même pas descendre à la chapelle pour entendre la messe le matin, ni même m'agenouiller sur mon prie-dieu sans avoir la tête qui tourne. Je me contente de la Vierge peinte juste devant mon lit, et cette seule vue m'apaise peu à peu.

26 juin 1854

Ce matin, pendant le petit déjeuner, ma belle-mère m'a regardée d'un air inquisiteur.

— Vous êtes bien pâle, ma fille…

J'ai fait la grimace.

— Oui, je ne me sens pas très bien…

— Avez-vous surveillé vos cycles menstruels ?

En voilà une question ! Comme je n'avais aucune envie de parler avec elle de ce genre de problème, je me suis levée.

— Je vais faire un tour à cheval.

— Ne montez plus à cheval ! Votre dernier cycle a un retard de sept jours. Vous êtes probablement enceinte.

Les bras m'en sont tombés : j'étais surveillée à ce point : comment savait-elle la longueur de mes cycles ?

— Les lingères me font régulièrement des comptes

rendus, m'a-t-elle expliqué, devinant mon interrogation. D'ailleurs, je l'ai déjà écrit à mon fils. À son retour, il faudra qu'il modère ses ardeurs envers vous.

Je l'ai laissée là, je suis partie dans mes appartements, j'étais effondrée : cette peste, cette horrible pie-grièche avait repéré avant moi que j'étais enceinte, et elle l'avait annoncé la première à mon mari ! Je n'ai jamais détesté quelqu'un à ce point.

28 juin 1854

Le médecin de la cour, le docteur Seeburger, m'a examinée et il m'a confirmé que j'étais enceinte.

Je suis enceinte. J'attends un enfant de François-Joseph.

C'est un événement banal, et, pour moi, c'est un tremblement de terre, à moins que ce ne soit les deux à la fois.

Je suis enceinte. J'attends un enfant de François-Joseph.

30 juin 1854

Je ne peux plus monter à cheval, à cause de mon état. Je ne supporte pas de rester enfermée dans mes appartements, sous la surveillance étroite de ma belle-mère qui vient voir toutes les heures ce que je fais. Il me restait une distraction, une seule : soigner mes oiseaux. Elle me l'a enlevée. Quand je suis allée voir ma volière ce matin, elle était vide. Tous mes perroquets avaient disparu. Où étaient-ils ? Que s'était-il passé ? L'explication est arrivée à midi, pendant le déjeuner. Ma belle-mère m'a dit :

— Je les ai fait transférer à la ménagerie. Il ne faut pas qu'une femme enceinte regarde des perroquets, sinon son enfant ressemblera à un perroquet.

Abîme de bêtise.

1er juillet 1854

Il est revenu de voyage dès qu'il a appris la nouvelle, mon Prince Charmant. Il est accouru dans mes appartements, il m'a prise dans ses bras, il délire de joie, il remercie Dieu, il veut annoncer la nouvelle à la Terre entière.

Mais il n'a rien trouvé de mieux que de me confier encore plus étroitement à sa mère :

— Obéis-lui en tout, elle va veiller sur toi, t'assister de son expérience. Fais-lui une confiance absolue pour mener ta grossesse à bien.

François-Joseph, tu es l'homme de ma vie, mais qu'est-ce que tu peux m'exaspérer !

2 juillet 1854

À Vienne, j'ai trouvé une amie, Paula de Bellegarde. Maintenant, j'ai aussi un refuge : l'église Saint-Pierre. J'y vais, le soir, enveloppée d'un manteau. J'ai trouvé un passage pour sortir du palais, plus discret que l'imposant portail où dix gardes se croient obligés de me rendre les honneurs, du plus loin qu'ils voient mon carrosse. Le sacristain vient m'ouvrir la porte spécialement, et il la referme derrière moi. Je m'assieds sur un banc, comme une paroissienne ordinaire. J'écoute l'organiste qui s'entraîne pour les offices du lendemain. Je regarde les statues, saint Roch, saint Louis, sainte Thérèse tenant un cœur dans sa main, et sainte Élisabeth, la douce reine de Hongrie, morte à vingt-quatre ans. Je reste là longtemps, sous la coupole dorée, dans l'odeur d'encens, la lumière vacillante des bougies. Peut-être que je prie. Et quand je rentre, je supporte mieux... tout.

5 juillet 1854

Une bonne nouvelle : nous allons repartir à Bad Ischl, ce lieu magique où j'ai rencontré François-Joseph. Ma belle-mère ne sera pas là : un miracle. Et Mimi m'a écrit qu'elle viendrait sûrement nous rejoindre avec Moineau et Poussin. Elle est bien décidée à prendre le train elle aussi. Décidément, toute la famille entre dans le Progrès.

10 juillet 1854

Nous voilà à Bad Ischl. Je revis dans ce cadre champêtre. François-Joseph, lui aussi, est tellement joyeux, tellement détendu, loin du carcan de sa cour. Il serait prêt à l'admettre lui-même. Il n'y a que son petit frère, Louis-Victor, qui prend un air pincé le matin au petit déjeuner, parce que chacun arrive à son heure, oublie de mettre des gants, se sert lui-même de confiture ou de beurre, sans sonner un domestique. Je crois qu'il en fait des comptes rendus à sa mère par courrier. Grand bien lui fasse !

Et nous avons maintenant une salle de bains, je crois rêver !

Une seule ombre dans ce paradis : Mimi qui n'est pas encore là. J'espère qu'elle n'a pas eu d'ennui en chemin.

12 juillet 1854
Toujours pas de nouvelles de Mimi. Mais que se passe-t-il donc ? Je vais finir par m'inquiéter.

13 juillet 1854
Une confusion ! Un quiproquo à mourir de rire ! Je comprends pourquoi je n'avais pas de lettre de Mimi, elle m'avait prévenue par un télégramme rédigé en ces termes : *Arrive treize juillet avec Poussin et Moineau. Signé Mimi.* Ce message n'est parvenu qu'au portier de notre villa. Il s'est longuement demandé qui était cette Mimi qu'on devait accueillir avec un poussin et un moineau. Perplexe, il est finalement parti à la gare, muni, à toutes fins utiles, de deux cages à oiseaux. À l'arrivée du train, il regardait de tous côtés, cherchant la fameuse Mimi accompagnée de ses volatiles. De son côté, maman se sentait perdue avec ses enfants et sa femme de chambre, et ne comprenait pas que personne ne soit venu la chercher. Heureusement, ma petite sœur a fini par la tirer par la robe :

— Mimi, pourquoi on attend comme ça ?

— Ne t'inquiète pas, Moineau !

L'employé sursaute, s'approche, se présente... et s'aperçoit qu'il est devant la duchesse de Bavière, la mère de l'impératrice !

Il n'avait plus qu'à la ramener à notre villa... où personne ne l'attendait ! La joie de la surprise a été d'autant plus grande. J'ai donné des ordres pour qu'on lui prépare ses appartements en urgence. Maintenant nous sommes tous réunis, je me crois de nouveau à Possi. Quel bonheur ! Mimi me dorlote, elle me dit que mes nausées sont tout à fait normales en début de grossesse. J'aimerais bien qu'elle reparte avec moi à Vienne, mais elle ne se sent pas du tout à sa place là-bas. Elle ne veut pas faire concurrence à sa sœur, Sophie, qui représente ma mère désormais là-bas, me dit-elle.

20 juillet 1854

Mimi m'a montré les lettres que lui a envoyées sa sœur. J'en reste bouche bée : il paraît que nous aurions passé à Laxenbourg « la plus heureuse des lunes de miel ». Il n'y a pas eu de lune de miel puisqu'elle nous suivait partout ! Quant à moi, je suis « délicieuse, pieuse, recueillie, d'une modestie touchante ».

Je pleure d'émotion à ce tableau.

30 juillet 1854

Je n'ai pas écrit depuis longtemps, sans doute parcè que je me sentais bien en famille. François-Joseph a

134

dû repartir à Vienne, extrêmement soucieux de cette guerre imminente en Crimée. Je me languis de lui.

18 août 1854
François-Joseph est revenu pour fêter son anniversaire avec nous. Il n'a jamais envie de repartir. Moi aussi, j'appréhende notre séparation. Je voudrais rester toute ma vie ici avec lui. *Ô temps, suspends ton vol !* chante Lamartine, un poète français.

15 septembre 1854
Le vol des choucas tournoyant sur les labours, les arbres dénudés, l'automne… Je n'ai pas envie de revenir à Vienne.

4 octobre 1854
Est-ce ma belle-mère qui est enceinte ou moi ? Je pense que c'est elle, puisqu'elle a déjà tout organisé en vue de cette naissance, sans me consulter : le prénom de l'enfant ? Rodolphe, comme le fondateur de la dynastie des Habsbourg, ou Sophie, comme elle. La chambre du bébé ? À côté de ses propres appartements et non des miens. La gouvernante ? Ce sera la baronne Welden. A-t-elle été choisie pour sa grande expérience, sa culture étendue, ses qualités pédagogiques ? Non, elle n'a pas eu d'enfants, et je ne l'ai jamais vue tenir un livre entre ses mains. La baronne Welden a été sélectionnée comme gouvernante… parce que son mari a été tué en réprimant l'insurrection hongroise !!!

10 novembre 1854

Je n'écris plus beaucoup, je n'en ai pas la force. De toute façon, j'ai intérêt à faire la malade. Dès qu'elle me voit debout, ma belle-mère me prend par le bras, et elle me force à me promener dehors, pour que le peuple, en voyant mes rondeurs par les grilles du parc, se réjouisse de la naissance future d'un héritier pour l'empire d'Autriche.

Suis-je enceinte de l'empire d'Autriche ?

Et si c'était une fille ?

5 mars 1855

Elle est là, ma petite Sophie, une vie minuscule qui vient d'éclore entre François-Joseph et moi. Elle est là, comme un bouton de rose fragile, elle ouvre les yeux sur le monde avec stupéfaction, et rien qu'à la contempler, j'ai oublié toutes mes souffrances. Elle est là, et ma belle-mère est venue nous embrasser tous les trois. Elle est là, elle ignore qu'elle est archiduchesse, elle agite ses mains comme des fleurs, et François-Joseph est dans l'extase, il m'a donné un bracelet où j'ai mis une boucle de ses cheveux et de ma petite fille, mêlés, et il quitte sans cesse son bureau pour venir nous voir. Elle est là et toutes les cloches des églises de Vienne sonnent pour remercier Dieu.

Sissi (photographie prise entre 1865 et 1870)

Pour aller
plus loin

Que sont-ils devenus ?

Élevée par un père libéral, en avance sur son temps, l'impératrice Sissi a toujours essayé d'échapper à son statut, comme son frère Charles-Théodore, le duc de Bavière devenu ophtalmologue. Ainsi, elle a lutté pour avoir un droit de regard sur l'éducation de ses quatre enfants, Sophie, Gisèle, Rodolphe et Marie-Valérie. Lors de la terrible défaite de Sadowa, en 1868, essuyée par François-Joseph, elle tint à assister elle-même les blessés. Son rôle politique est indéniable dans la reconnaissance de la Hongrie comme État souverain dans la monarchie autrichienne. Elle eut à affronter de terribles épreuves : la mort de sa fille Sophie, puis de son seul fils Rodolphe. Malgré bien des excès – tyrannie sur son entourage, dépenses extravagantes –, elle garda l'affection profonde de sa famille, en particulier de sa sœur Hélène, mariée en 1873, et reçut toute sa vie l'amour indéfectible de son mari, l'empereur François-Joseph, qui s'écria, quand on lui apprit la nouvelle de son assassinat, le 10 septembre 1898 : « Nul ne sait combien nous nous sommes aimés. »

Sissi dans le costume du couronnement hongrois (1867)

L'empereur François-Joseph (1866)

La vie en Europe au XIXe siècle

On ne refuse pas la main d'un empereur

Au milieu du XIXe siècle, le destin d'une jeune fille née dans une famille de l'aristocratie est tout tracé : elle devra faire le plus beau mariage possible et mettre au monde de nombreux enfants pour assurer la descendance et le prestige du nom de son époux. Marier leurs filles est le travail des mères. Le mariage de Sissi est la réussite de deux sœurs, Ludovica et Sophie, sa mère et sa tante, filles du roi de Bavière. Ce mariage renforce l'alliance entre la famille la plus prestigieuse d'Europe, les Habsbourg, et une famille bavaroise, les Wittelsbach.

La première a réuni patiemment un immense empire, autour de sa capitale, Vienne, la plupart du temps moins par des conquêtes de territoires que grâce à des mariages – c'est d'ailleurs sa devise : *Tu, felix Austria, Nube* (toi, heureuse Autriche, marie-toi).

La famille des Wittelsbach, bien moins puissante, est divisée en deux branches : la branche aînée règne sur la Bavière devenue royaume en 1805, la branche cadette, à laquelle appartient Sissi, est celle des ducs de Bavière. Ces familles sont aussi des dynasties régnantes, et les mariages sont politiques : le roi de Bavière ainsi que le pape doivent donner leur autorisation. Une fois mariées, les filles sont tenues de couper tout lien d'affection avec leurs parents et de travailler aux intérêts de leur nouvelle famille.

Qui va unir l'Allemagne ?

Le jeune marié, l'empereur François-Joseph, règne depuis le 2 décembre 1848. Il doit tenter sans relâche de régler des problèmes politiques complexes.

Longtemps, les pays de langue et de culture allemandes ont été regroupés dans un ensemble particulier, le Saint Empire romain germanique, héritier de l'empire de Charlemagne. Les Habsbourg ont régné sur cet empire.

Mais depuis, la fin du XVIIIᵉ siècle, un nouveau concurrent est apparu : le royaume de Prusse qui entend regrouper autour de lui les États allemands. La lutte s'engage : qui arrivera à créer une Allemagne, entre la Prusse et l'Autriche ? L'Autriche lutte avec ses armes : les alliances matrimoniales. Le mariage de Sissi et de François-Joseph est une alliance entre Autriche et Bavière, l'un des principaux États allemands du sud. Mais la guerre ne pourra longtemps être évitée. Quelques années après le mariage, l'Autriche perd la partie : c'est la Prusse qui parviendra à créer un empire allemand, en 1871.

Un empire multinational ?

Autre problème, toute la situation de l'Europe a été bouleversée par la Révolution française. Bien sûr, Napoléon a été vaincu en 1815, et ses vainqueurs, l'Autriche, la Prusse, la Russie et le Royaume-Uni – unis dans la Sainte Alliance – se sont entendus pour réprimer toute nouvelle tentative de révolution. La maison d'Autriche – car c'est ainsi que l'on appelle la famille dans laquelle entre Sissi par son mariage – est le symbole d'une forme très ancienne de pouvoir, une monarchie absolue exercée grâce à l'armée, la police et l'Église, tout comme l'Empire russe.

Pourtant, il reste de cette période l'idée qu'il est juste que les nations qui regroupent des gens qui parlent la même langue puissent former des États séparés. Or, l'empereur d'Autriche règne sur une multitude de peuples : les Autrichiens et la plus forte minorité, les Hongrois, ne représentent même pas la majorité de la population. En 1848, toute l'Europe a été emportée par ce que l'on appelle le « printemps des peuples ». Des révolutions ont éclaté partout contre les royaumes et les empires pour réclamer plus de liberté et le droit de former de nouveaux États. Ces révolutions ont été écrasées dans le sang – c'est d'ailleurs la première tâche que le jeune empereur a dû accomplir –, mais ces idées n'ont pas disparu, bien au contraire, elles sont chaque jour plus fortes.

Quel allié en Europe ?

En 1848, l'alliance des monarchies et des empires contre les révolutions semble se reformer, comme en 1815. L'empereur de Russie a envoyé ses armées en Hongrie pour réprimer les révolutionnaires de 1848. Mais, lorsque la Russie a voulu conquérir des territoires dans la région de la mer Noire, la France et l'Angleterre se sont alliées à l'Empire ottoman pour l'en empêcher, et l'Autriche les a laissées faire en abandonnant son allié russe. Nicolas Ier perdra la guerre de Crimée (1854-1856).

Un monde qui change

Ces événements politiques ne font apparemment que continuer la longue suite des guerres en Europe depuis l'époque médiévale, mais le monde a changé bien plus profondément. C'est le temps du chemin de fer, des progrès de la médecine, des usines, du télégraphe, du confort dans les maisons avec, par exemple, la chasse d'eau dans les toilettes. La richesse de ces grandes familles, qui repose sur l'exploitation de leurs immenses domaines agricoles, est désormais concurrencée par d'autres richesses accumulées dans la banque, le commerce, l'industrie, la construction de bateaux ou de machines. Par la poésie, le théâtre, l'opéra, la littérature, tous les artistes s'appliquent à dire que le monde change.

Les stratégies matrimoniales, les liens entre familles régnantes ne parviennent plus à assurer l'ordre en Europe : des forces plus puissantes sont à l'œuvre qui remettent en cause le modèle de la monarchie absolue que François-Joseph voudrait sauver.

Une cour hors du monde

Cette cour princière extrêmement rigide et contraignante apparaît incapable de s'adapter au monde qui change. La jeune épousée doit se débarrasser officiel-

lement de toutes les traces de sa vie de jeune fille :
ses habits, ses amies, ses loisirs. Elle doit se soumettre
en tout point à un protocole ancien et désuet, cacher
ses émotions et ses sentiments en public et même
en privé. Cette tradition n'est pas nouvelle, et l'histoire de Sissi, de sa jeunesse et de son insouciance
trop tôt perdue, ressemble beaucoup à celle de toutes
les princesses devenues reines, par exemple Marie-
Antoinette qui a épousé à quinze ans l'héritier du roi
de France, en 1770. Cette vie de jeune héritière sous
le contrôle de gouvernantes et préceptrices particu-
lières, habituée à obéir et à bien se tenir en public,
mais autorisée à courir, nager, faire du cheval, jouer
avec ses frères et sœurs, est assez banale.

Mais, dans l'histoire de Sissi, l'imprévu s'en mêle : une
famille plutôt fantasque, un père amateur de voyages,
passionné de cirque, peu soucieux des convenances, le
coup de foudre du plus beau parti d'Europe, la cruauté
de sa belle-mère et la faiblesse de son mari.

Dans ce contexte, son caractère très affirmé, sa
recherche de la liberté et même de la solitude, son
goût pour la poésie, et peut-être le désaccord avec la
politique autoritaire menée par son époux ne pouvaient qu'être un obstacle. Elle choisira de résister par
tous les moyens au sentiment d'être mise en prison,
d'être étouffée.

Témoin d'un monde qui n'en finit pas de mourir,
elle tentera sans succès de rester à jamais Sissi sans
être Élisabeth de Bavière, impératrice d'Autriche.

Des livres, des films et des lieux

À lire

Sissi, l'impératrice anarchiste, par Catherine Clément, Découvertes Gallimard

Le Journal poétique de Sissi, éditions du Félin

À voir

Sissi, d'Ernst Marischka, avec Romy Schneider et Karleinz Böhm

À visiter

Le château de Possenhofen, au bord du lac Starnberg, dans les environs de Munich. Le parc est ouvert au public.

Le château de Schönbrunn, à Vienne, où l'on peut visiter les appartements de Sissi et de François-Joseph.

Catherine de Lasa

L'auteur

Catherine de Lasa est l'auteur de nombreux ouvrages pour la jeunesse (contes, romans historiques, histoires de vie quotidienne).

« Petite fille, Sissi me faisait beaucoup rêver. J'avais de jolis livres illustrés qui décrivaient sa liberté, ses chevauchées en Bavière, sa rencontre avec un prince. À Vienne, j'ai pu constater le succès qu'elle rencontrait : films, expositions, parcours touristiques la célèbrent à l'envi. Comme Cendrillon remarquée par le Prince Charmant, elle permet à chacun de s'imaginer une destinée brillante. Loin du mythe, il me fallait retrouver la vraie Sissi, dans ses révoltes et ses contradictions. Les biographies de Brigitte Hamman (Fayard) et de Egon Corti (Payot), toutes deux intitulées *Élisabeth d'Autriche*, m'y ont beaucoup aidée. Enfin, les charmantes aquarelles de Possenhofen reproduites dans *Schlößer im Fünfseenland* m'ont permis d'imaginer le cadre champêtre de ses étés et le beau livre *Vom Herzog-Max-Palais zur Landeszentralbank* édité par la banque centrale de Munich m'a évoqué le palais de son enfance, détruit par Hitler en 1938. »

Du même auteur

Découvre
d'autres **journaux intimes**

dans la collection

MARIE-ANTOINETTE

Kathryn Lasky

n° 1709

13 juin 1769. Oh mon Dieu, ça y est ! Elle est enfin là –
la demande en mariage ! Les émissaires du roi Louis XV
sont arrivés ce matin. J'ai tout de suite été appelée dans la
maison d'été où maman travaille. J'ai à peine posé le pied
dans la salle de réception en marbre que maman s'est précipitée vers moi. Elle m'a écrasée sur sa poitrine et m'a
murmuré : « Antonia, tu vas te marier ! Tu vas devenir reine
de France ! » Ses joues étaient toutes mouillées de larmes, et
les miennes n'ont pas tardé à l'être aussi !
Le fascinant destin d'une adolescente qui doit conquérir la
cour de France.

DANS PARIS OCCUPÉ

Paule du Bouchet

n° 1708

Jeudi 31 octobre 1940. C'est une honte : Pétain a appelé les Français à « collaborer avec les Allemands ». Et papa est prisonnier de ces gens avec qui il faudrait « collaborer » ! Maman sort souvent sans me dire où elle va, ça m'énerve. Je sais qu'elle fait la queue pendant des heures pour essayer d'acheter de quoi manger parce qu'il n'y a plus grand-chose dans les magasins, mais parfois, j'imagine qu'elle va je ne sais où, faire des choses dangereuses et ça me fait peur.

Après *Le Journal d'Adèle* (Folio Junior n° 876), Paule du Bouchet raconte la vie sous l'Occupation à travers le journal d'Hélène, la fille d'Adèle.

J'AI FUI L'ALLEMAGNE NAZIE
Yaël Hassan
n° 1738

14 avril 1939. Ce que j'ai à t'annoncer est si incroyable, si romanesque aussi ! Si tout va bien, nous partirons bientôt pour La Havane, capitale de Cuba ! Hitler accepté de laisser les Juifs quitter l'Allemagne en échange de tous leurs biens. Un premier bateau emportant avec lui un millier de Juifs partira prochainement. Je ne peux y croire ! La partie est loin d'être gagnée, je le sais. Mais au moins nous avons repris espoir.
Le récit bouleversant d'une adolescente juive en exil.

Le papier de cet ouvrage est composé de fibres naturelles,
renouvelables, recyclables et fabriquées à partir de bois
provenant de forêts plantées et cultivées
expressément pour la fabrication de pâte à papier.

Crédits photographiques :
p. 137 : portrait d'Elisabeth de Wittelsbach, entre 1865 et 1870.
Bibliothèque nationale de France.

p. 141 : portrait d'Elisabeth de Wittelsbach, Sissi dans le costume
du couronnement hongrois, 1867. Bibliothèque nationale de France.

p. 142 : portrait de l'empereur François-Joseph, 1866.
Bibliothèque nationale de France.

Mise en pages : Nord Compo

Loi n° 49-956 du 16 juillet 1949
sur les publications destinées à la jeunesse
N° d'édition : 288583
Dépôt légal : août 2015
ISBN : 978-2-07-066838-0